청소년을 위한 금융 에세이

청소년을 위한 금융 에세이

청소년을 위한 [금융] 에세이

한진수 지음

경인교육대학교 명예교수

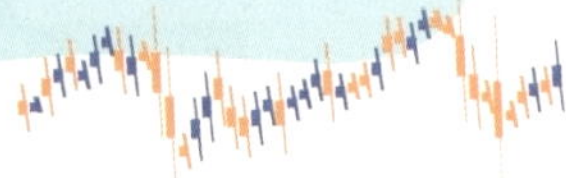

금융 공부는 가성비 최고의 투자

드넓은 바다에 고급 유람선 한 척이 유유히 항해하고 있었다. 승객들은 대부분 내로라하는 부자들이었다. 그들은 틈만 나면 자기 재산을 자랑하기에 바빴다.

"이번에 집을 두 배로 넓혔소. 살던 집이 아무래도 좀 좁아서."

"욕심이 지나친 거 아닌가요? 정원이 끝없이 넓은 저택이었는데."

이런 식으로 재산을 뽐내는 승객들 가운데, 아무 말 없이 조용히 앉아 있는 사람이 있었다. 그의 정체가 궁금했던 사람들이 그에게 묻기 시작했다.

"당신의 재산은 어느 정도요?"

"왜 아무 말도 안 하시오?"

그는 빙그레 웃으며 말했다.

"지금 내 재산이 정확히 얼마라고 말할 순 없지만, 아마도 이 배에 탄 사람들 가운데 내가 가장 부자일걸요?"

사람들은 그가 허풍을 떠는 거라 생각하고 무시했다.

그러던 어느 날, 유람선이 해적의 습격을 받았다. 해적들은 부자들의 귀중품은 물론이고 배에 있던 식량까지 모조리 빼앗았다. 더 이상 항해할 수 없어서 배는 가장 가까운 항구에 닻을 내렸다.

낯선 땅에서 부자들을 알아주는 사람은 한 명도 없었다. 가진 돈이 사라졌기에 부자들은 그곳에서 거지처럼 살 수밖에 없었다. 손 하나 까딱한 적 없던 그들에게 기술이나 재주가 있을 리 없었다.

그러나 유람선에서 조용히 침묵했던 그 사람은 지역 학교에서 학생들을 가르치며 여유롭게 살았다. 사실 그는 랍비였다.

『탈무드』에 나오는 이야기다. 이후 랍비는 유람선에서 재산을 자랑하던 사람들과 우연히 길에서 마주쳤다. 그들은 랍비를 보자 머리가 땅에 닿도록 숙였다.

"당신이 옳았습니다. 지식을 가지고 있다는 건 모든 걸 가진 거나 마찬가지군요. 당신이 세상에서 제일 부자입니다."

이 이야기는 지식은 가장 안전하면서도 미래를 보장해 주는 요긴한 자산이라는 가르침을 준다. 쉽게 잃어버릴 수 있는 재물보다는 잃어버리지 않는 지식을 쌓는 것이야말로 이 세상에서 가장 값지고 효율적인 투자라는 말이다.

금융 지식과 돈 관리의 중요성

이번에는 미국에 사는 유대인 이야기다. 장례식에 참석한 어느 유대인이 옆에 있는 두 조문객에게 넌지시 말했다.

"하늘나라에 가는 저 사람에게 여비로 각자 100달러씩 냅시다."

두 조문객은 그러자며 각자 지갑에서 100달러씩 꺼내 관에 넣었다.

그러나 유대인은 주머니에서 개인 수표를 꺼내 300달러를 적고는 관에 넣었다. 그리고 앞서 두 사람이 놓아둔 현금 200달러를 거스름 돈으로 챙겼다.

이 상황을 이해하려면 미국에서 사용하는 개인 수표가 무엇인지 알아야 한다. 미국에서는 개인이 물건을 사고 수표에 그 금액을 기재 하면, 수표를 받은 상인이 은행에서 그 금액만큼 현금으로 교환하거 나 통장에 입금할 수 있다. 유대인이 쓴 개인 수표도 마찬가지다.

그런데 생각해 보자. 관 속에 누운 죽은 사람이 은행에 가서 수표 를 현금으로 교환할 리 없지 않은가.

유대인은 번뜩이는 기지로 앉은자리에서 200달러를 벌었다. 수표 와 현금의 차이를 교묘하게 이용해 돈을 번 것이다. 물론 우스갯소 리지만, 금융 지식이 얼마나 중요한지 보여준다. 금융 지식이 많으면 돈을 벌 수 있다.

마지막으로 한 사례를 보자. 매달 용돈에서 12달러를 OTT 회사 에 쓴 두 명의 청소년이 있다고 하자. 한 학생은 OTT 회사에 회원으 로 가입한 후 매달 12달러의 요금을 냈다. 한편 다른 학생은 매달 12 달러씩 OTT 회사의 주식을 샀다. 20년이 지난 후, OTT 회사에 요금 을 내던 학생은 수천 편의 영화와 드라마를 시청해 친구들로부터 전 문가라는 말을 들을 정도로 무형의 자산을 쌓았다. 한편 꾸준히 주 식을 사 모은 학생은 20만 달러, 대략 2억 6,000만 원 상당의 주식을 보유한 청년 자산가가 됐다. 얼마나 버는지보다도 적은 돈이라도 어떻게 관리하는지가 중요하다는 것을 보여준다.

금융 공부를 시작해야 할 때

청소년기는 미래를 설계하는 시기다. 앞으로 경험할 중요한 인생의 분기점에 대비해 돈 관리를 시작해야 한다. 지금부터 장·단기 목표와 구체적인 재무 계획을 세우고 차근차근 저축과 투자를 실천하는 습관을 기를 필요가 있다. 청소년기를 어떻게 보내는지에 따라 미래는 달라진다.

요즘 학교에서 금융 교육을 활발히 하고 있다. 정부도 금융 교육을 장려한다. 고등학교에는 '금융과 경제생활'이라는 과목이 새로 개설됐다. 청소년의 금융 역량이 갈수록 중요해지고 있기 때문이다. 그러나 학교의 금융 수업은 여전히 미흡하며, 교과서 내용도 제한적이다.

이 책을 쓴 이유가 바로 여기에 있다. 학교 수업을 보완하려는 학생, 개인적으로 금융 공부를 하고 싶은 학생, 미래에 금융 전문가가 되려는 학생에게 작지만 의미 있는 도우미가 되고 싶었다. 금융 공부를 하지 않고 돈을 잘 다루길 기대하면 안 된다. 이 책은 돈과 관련된 금융 지식을 배울 수 있는 특별한 기회를 제공할 것이다. 돈에 대해 잘 알고 돈을 효과적으로 관리하는 능력을 키우길 기대한다.

지금부터 경제학자들의 인생 설계법을 살펴볼 것이다. 또 돈을 어떻게 벌고, 어떤 방법으로 소중한 돈을 지키거나 불릴 수 있는지 알아볼 것이다.

살아가는 데 꼭 필요한 기초 금융 지식만 엄선해 최대한 쉽고 친절하게 풀어쓰려고 노력했다. 특히 돈을 좋아하고 소비와 투자를 하며 내 집 마련을 꿈꾸는 '진수'가 등장해 이해를 도울 것이다. 좋아하는 만화책을 보듯이 가벼운 마음으로 읽어가기를 권한다. 그러다 보면 자신도 모르는 사이에 금융 개념과 원리가 저절로 쌓이고 바람직한 돈 관리 습관이 몸에 밸 것이다. 경제와 금융은 전문가의 영역이 아니라 바로 지금 내가 배우고 써먹어야 할 상식이다.

2025년 12월

한진수

차례

프롤로그 | 금융 공부는 가성비 최고의 투자　4

1장

돈과 금융이란?

1. 금융 공부가 왜 필요해? | 금융 지식과 금융 역량　17

2. 돈은 어디를 어떻게 돌아다닐까? | 금융의 의미　21

3. 왜 돈을 사용하게 됐을까? | 돈의 기능　24

4. 돈이라는 말은 어디서 나왔을까? | 돈의 어원과 발달　28

5. 사람들이 싫어하는 돈이 있어? | 악화　32

6. 낮은 데서 높은 데로 움직인다고? | 수익률　36

7. 보이지 않는 돈을 믿어? | 디지털 화폐　40

8. 금융에도 심장이 있다고? | 금융회사　44

9. 은행이 길거리에서 시작됐다고? | 은행과 투자은행　47

10. 은행인데 금고가 없다고? | 핀테크와 인터넷 전문은행　50

11. 돈에도 가격이 있어? | 합리적 금융 의사결정　55

12. 첫째도 둘째도 안전이야! | 약관　59

13. 빨리 돈 벌 수 있다는 말은 사기? | 금융 사기　62

14. 금융 상품을 살 때 따져보라고? | 금융 소비자 보호　66

★ 생활 속 금융 이야기 | 디지털이면 다 가능한 세상　70

2장
돈 잘 벌고 잘 쓰려면?

1. 부자가 되려면 이것부터! | 수입과 소득　75

2. 어떻게 돈을 벌까? | 소득의 원천　78

3. 어떻게 돈을 많이 벌까? | 인적 자본과 희소성　82

4. 돈이 돈을 벌게 하라고? | 패시브 소득　85

5. 똑같이 돈을 쓴 게 아냐? | 지출과 소비　90

6. 왜 세금을 많이 내는 것 같지? | 누진세　93

7. 어떤 카드로 계산할까? | 지불 수단　97

8. 적자 인생이 되지 않으려면? | 예산 관리와 재무 설계　101

★ 생활 속 금융 이야기 | 우리가 충동구매에 취약한 이유　107

3장
저축으로 이자를 벌려면?

1. 저축의 3요소가 뭘까? | 종잣돈, 금리, 시간　113

2. 얼마나 지나야 돈이 두 배로 불어날까? | 72의 법칙　117

3. 저축 상품이 이렇게 많다고? | 적금, 정기 예금, 주택청약저축　121

4. 어디에 저축하지? | 예금취급기관　128

5. 은행은 어떻게 돈을 벌까? | 예대금리차　131

6. 이자? 꿈도 꾸지 마! | 이자의 역사　134

7. 이자를 더 받을 수 있다고? | 단리와 복리　138

8. 1억을 모으는 비결은? | 복리의 힘　142

9. 물가가 중요하다고? | 명목 금리와 실질 금리　146

10. 이자에도 세금이 있어? | 비과세 상품　150

11. 왜 내 계산보다 적을까? | 적금 이자　153

12. 왜 사람들이 은행으로 달려갈까? | 예금자 보호 제도　157

13. 어디가 안전해? | BIS 비율　160

★ 생활 속 금융 이야기 | 작전명 'SMART' 저축　164

투자로 수익을 남기려면?

1. 왜 스스로 위험을 선택할까? | 투자　169

2. 회사와 동업한다니? | 주식　173

3. 주식에도 메이저리그와 마이너리그가 있다고? | 주식시장　177

4. 주식을 어떻게 살까? | 주가지수와 증권회사　181

5. 주식으로 돈 버는 방법은? | 시세 차익과 배당금　186

6. 투자에 왕도가 없다고? | 주가와 금리　191

7. 왜 환율을 봐야 하는데? | 주가와 환율 194

8. 돈 빌렸다는 증서라고? | 채권 197

9. 채권 투자로 돈 버는 방법은? | 채권 가격과 금리 201

10. 코인으로 돈을 벌어? | 코인과 스테이블코인 204

11. 꿩 먹고 알도 먹을 순 없어? | 하이 리스크 하이 리턴 209

12. 토끼가 굴을 세 개 파는 이유는? | 포트폴리오 212

13. 대중교통을 이용하면 어떨까? | 직접 투자와 간접 투자 215

14. 간접 투자의 꽃은? | 펀드 219

15. 펀드야 주식이야? | ETF 222

16. 내 탓이오 | 자기 책임의 원칙 225

17. 홈런을 기대하지 마! | 투자 위험 관리와 투자 원칙 229

★ 생활 속 금융 이야기 | 동학과 서학, 주식으로 역사를 배우네 235

5장
신용을 좋게 하려면?

1. 왜 내 신용을 평가해? | 신용점수 241

2. 오뉴월 품앗이를 먼저 갚으라고? | 신용 관리 244

3. 오늘 쓴 카드가 내일의 빚이라고? | 신용카드와 신용카드사 247

4. 급한 불 끄려다가 더 큰 불이 난다고? | 현금 서비스와 리볼빙 250

5. 이것도 대출이라니? | 마이너스 통장　254

6. 대출 이자를 적게 내려면? | 상환 방법　257

7. 저승사자보다 무서운 돈 | 사채와 대부업　261

★ 생활 속 금융 이야기 | '엄카' 대신 '내카' 긁자　266

6장
위험을 이겨내려면?

1. 공든 탑이 무너질 수 있다고? | 위험 관리　271

2. 순수한 위험만 보상한다니? | 보험과 보험회사　275

3. 사고가 없으면 손해일까? | 보장성 보험과 저축성 보험　280

4. 어느 보험회사로 가야 할까? | 생명보험과 손해보험　284

5. 정부가 보험회사야? | 사회보험　288

6. 감추고 싶은 비밀이 있어 | 역선택　291

7. 도덕과 보험이 무슨 상관인데? | 도덕적 해이　295

8. 오래 사는 게 위험이라니? | 장수 위험　298

9. 편안한 노후를 마다할 사람은 없잖아? | 국민연금과 퇴직연금　302

10. 연금도 고층 아파트로? | 개인연금　305

★ 생활 속 금융 이야기 | 한 방에 이해하는 국민연금　308

1장

돈과 금융이란?

두툼한 지갑이 무조건 좋다고는 할 수 없다.
그러나 텅 빈 지갑은 확실히 나쁘다.
— 유대 격언

1 금융 공부가 왜 필요해?

금융 지식과 금융 역량

어느 마을에 병이 들어 죽을 날이 얼마 남지 않은 농부가 있었다. 그는 자식들이 농사를 제대로 짓지 못하는데 어떻게 살아갈지 걱정스러웠다. 그래서 자식들을 모두 불러 모아놓고 농사짓는 방법을 일러주며 말했다.

"애들아, 내가 죽거든 너희가 저 포도밭을 잘 일궈야 한다."

그러나 자식들은 아버지의 말을 귀담아듣지 않았다. 농부는 궁리 끝에 다시 말했다.

"내가 너희를 위해 포도밭에 값진 보물을 숨겨두었단다. 내가 죽거든 그걸 찾아서 잘 살도록 해라."

시간이 흘러 농부가 숨을 거뒀다. 자식들은 포도밭으로 달려가서 땅을 샅샅이 파헤쳤지만 보물은 찾을 수 없었다. 자식들은 실망했다.

그런데 여름이 되자 포도밭의 나무들이 잘 자라서 이전보다 몇 배나 많은 포도를 수확할 수 있었다. 보물을 찾겠다고 땅을 헤집은 덕분에 기름진 땅으로 거듭나 포도가 많이 열린 것이다. 자식들은 그제야 깨달았다.

"아버지께서 말씀하신 보물이란 게 이거였구나!"

『이솝 우화』에 나오는 이 이야기는 '최고의 보물은 돈이 아니라 돈을 벌기 위한 노력'이라는 교훈을 준다.

💰 돈 공부를 하지 않으면서 부자가 되겠다니

부자가 되고 싶다는 사람은 많다. 그런데 정작 돈을 벌고 관리하는 방법을 배우고 익히는 데는 소홀하다. 어리석지 않은가? 게임도 하는 방법과 점수 얻는 요령을 배우고 연습해서 몸에 익혀야 고수가 될 수 있듯이, 아무것도 하지 않고 부자가 되는 길은 없다.

돈은 공짜로 얻어지지 않는다. 또 번 돈은 저절로 불어나지 않는다. 제대로 관리하지 못하면 손바닥 위의 모래처럼 애써 번 돈이 술술 샌다. 로또 1등이 될 확률은 번개를 맞을 확률보다 낮다는데, 그 확률을 뚫고 1등이 된 당첨자 가운데 얼마 되지 않아 빈털터리가 되었다든가, 돈이 없어 범죄를 저질렀다는 뉴스가 보도되곤 한다. 이는 돈을 관리하는 방법을 몰랐던 탓이다.

금융 지식과 금융 역량은 학교를 졸업하고 사회생활을 시작하면 바로 필요한 능력이다. 누구나 돈을 어떻게 버는지, 어떤 방법으로 소중한 돈을 지키거나 불릴 수 있는지 알아야 한다. 이 세상에 이보다 중요하고 실용적이며 시급하게 알아야 할 지식이 있을까?

　그런데도 돈에 대해 배울 기회는 많지 않다. 집에서 부모님도 돈 얘기는 좀처럼 해주지 않는다. 학교에서도 돈을 가르치지 않는다. 우리는 복잡한 함수의 해는 공식을 활용해서 척척 구하면서도, 정작 복리와 적금 이자를 어떻게 계산하는지는 알지 못한다. 화학 원소는 줄줄 외우면서도, 주식과 채권이 무엇이며 신용점수를 어떻게 높이는지는 모른다.

　어떤 지식이 사회생활을 하는 데 더 필요할까? 금융 지식은 돈이 되는 지식이다. 가성비 최고다. 그런데 "부자는 하늘이 내린다"거나 "잘살고 못사는 것은 팔자소관"이라는 식의 숙명론으로 돈에 대한 교육을 대신하려 한다. 노력과 관계없이 부자가 된다면, 너무 허망하지 않은가?

💰 사회생활을 시작하면서 배우면 늦어

수영할 줄 모르면서 바다에 뛰어드는 사람은 없다. 바다에 뛰어든 후에 수영하는 법을 배우려는 사람도 없다. 그러나 금융 지식 없이 사회생활을 시작하는 금융 문맹(Financial illiteracy)●자는 많다. 경제적 생명을 걸고 모험하는 격이다. 다른 건 차근차근 기초부터 배우면서, 어째서 금융 지식에 관해서는 '닥치면 어떻게든 알게 되겠지' 하고 생각하는 걸까?

사회생활을 하면서 돈 관리에 실수하는 순간, 돌이키기 힘든 경제적 어려움을 겪는다. 카드 대금 결제를 하지 못하거나, 사채를 빌려써서 파산에 이르는 사람도 있다. 그때는 후회해 봤자 이미 늦다. 미리 대비하는 게 최선이다.

물론 사회에서 자연스럽게 습득하는 금융 지식도 있다. 그렇지만 청소년 시절에 주도적으로 노력해 배워야 할 금융 지식도 분명히 있다. 이런 기초 지식을 갖춰야 더 어렵고 복잡한 금융 지식을 튼튼하게 쌓아 올릴 수 있다. 어린 시절부터 체계적으로 금융 교육을 받고 금융 공부를 해야 하는 이유가 여기에 있다.

금융 문맹

금융 지식이나 금융 역량이 부족해 돈의 소중함을 모르고 돈을 제대로 관리하지 못하는 상태를 말한다.

돈은 어디를 어떻게 돌아다닐까?

금융의 의미

금융이란 무엇일까? 금융(金融)에서 '금'은 금전, 즉 돈을 의미하고, '융'은 유통한다는 뜻이다. 그러니까 금융은 돈을 유통하다 (circulate), 돈을 융통하다는 뜻이다. 무슨 뜻인지 선뜻 감이 오지 않는다. 돈을 유통한다니, 무슨 말일까?

우리나라에서 유통되는 모든 돈은 한국은행에서 태어난다. 그래서 지폐와 동전에 한국은행이란 문구가 새겨 있다. 물론 한국조폐공사에서 찍어내지만, 한국은행이 얼마나 발행할지 주문을 넣어야만 한국조폐공사가 돈을 인쇄한다.

잉크 냄새를 잔뜩 머금고 인쇄된 돈은 한국은행에 모인다. 이 돈은 어떻게 부모님 통장으로, 우리 주머니로 옮겨질까?

💰 돌고 도는 숙명

한국은행은 개인과는 거래하지 않는다. 그러므로 한국은행이 각 국민의 통장으로 돈을 직접 넣어주는 일은 절대 없다.

대신 한국은행은 다른 은행과 거래한다. 각 은행이 고객에게서 받은 돈을 맡아주거나 은행에 돈을 공급해 준다. 갓 태어난 돈은 각 은행의 금고로 흘러간다. 은행에 있는 돈도 그곳에 오래 있을 운명은 아니다. 회사는 직원들에게 월급을 주기 위해 은행에서 돈을 찾고, 그 돈은 그 회사의 근로자인 진수의 통장으로 입금된다. 이렇게 이동한 돈은 진수의 소득이 된다.

진수는 이 돈으로 필요한 물건을 사거나, 가족과 외식을 하거나, 관광지에서 기념품을 사는 데 소비한다. 진수가 소비하면서 쓴 돈은 물건이나 음식을 판 가게(회사)로 이동하고, 가게 주인은 다시 돈을 은행에 맡긴다. 돈이 돌고 돌아 은행으로, 옛날 집으로 돌아오는 것이다. 그래서 "돈은 돌고 도는 것이다"라는 말이 있다.

지금까지 얘기한 모든 현상이 금융이다. 금융은 돈을 벌고 쓰고 돈이 이동하는 것과 관련된 이야기다. 물론 이는 금융의 극히 일부에 지나지 않는다. 아직 돈의 유통은 많이 남았다.

💰 돈을 빌리고 빌려주는 것

매달 번 소득을 전부 써버리는 사람은 없다. 특별한 사정이 있는 경우를 제외하면 말이다. 앞날을 대비해 소득 가운데 일부를 소비하지 않고 모아둔다. 즉, 저축한다.

대부분의 사람들은 저축하기 위한 돈을 은행에 맡긴다. 은행은 진수가 맡긴 돈에 대한 이자를 준다. 저축과 이자도 돈에 관한 것이므로, 금융에서 중요한 부분이다.

어느 날, 진수는 내 집을 마련하기로 결심했다. 그동안 눈여겨보던 동네에 좋은 집이 매물로 나왔다. 그런데 집값을 치르기엔 갖고 있는 돈이 모자란다. 진수는 거래하는 은행에서 돈을 빌리기로 한다. 이것이 대출이다. 은행에 있던 뭉칫돈이 진수에게로 이동한다. 하지만 이 돈은 진수가 진 빚이며, 언젠가는 이자를 더해 갚아야 한다.

이처럼 돈을 빌리고 빌려주는 것, 돈이 남아도는 사람에게서 부족한 사람에게 융통해 주는 것도 돈의 유통이므로 당연히 금융이다.

이런 일은 누구나 사회생활을 하면서 겪는 것이다. 소득을 버는 방법, 합리적 소비를 위한 지혜, 조금이라도 이자를 많이 받는 요령, 돈을 빌리는 방법과 종류 등을 알고 있으면, 그렇지 못한 사람보다 사회생활을 더 현명하게 하여 한결 여유로운 삶을 누릴 수 있다. 좀 더 자세히 알아보자.

왜 돈을 사용하게 됐을까?

돈의 기능

지금까지 제일 많이 언급한 단어는 '돈'이다. 하지만 정작 돈이 무엇인지 정확히 안다고 할 수 있을까? 돈이 무엇인지 모를 리 없다고 생각하겠지만, 지금부터 하는 얘기를 제대로 아는 사람은 그리 많지 않을 것이다.

자급자족하며 살던 때는 돈이란 개념 자체가 없었다. 필요한 물건을 혼자 힘으로 만들거나 조달하던 세상에 돈이 왜 필요하겠는가? 그러나 지금은 전혀 다른 세상이 됐다. 자급자족하며 사는 사람은 없다. 산속에서 혼자 지내는 사람을 자연인이라며 소개하는 방송도 있지만, 그가 사는 집을 살펴보면 사회의 가정집에서 쓰는 가구부터 부엌에는 시장에서 파는 조미료통이 널려 있다. 자연인조차 자급자족으로는 살아갈 수 없는 게 현재 우리가 사는 세상이다.

다른 사람이 만든 물건을 구하려면 당연히 돈이 필요하다. 돈을 내고 물건을 사기 때문이다. 이를 '교환의 매개 수단●'이라 부른다. 교환의 매개 수단은 돈이 태어나 존재하는 이유이기도 하다. 무엇인가를 구할 때 그 대가로 지불하는 수단이 돈이다.

담배가 돈이었다니

독특한 환경은 특이한 형태의 돈을 만들어낸다. 제2차 세계대전 때 독일군 포로수용소에 갇힌 연합군 포로들은 적십자에서 나눠주는 물품을 일괄적으로 받았다. 포로마다 원하는 게 다 달라서 누구에게는 반가운 물건이었지만, 누구에게는 달갑지 않았다.

그러자 포로들은 서로 물건을 교환하기 시작했다. 그들에게는 사용할 수 있는 돈(지폐나 동전)이 없어 부득이 물물교환을 할 수밖에 없었다. 당연히 불편했다.

그런데 필요는 발명의 어머니라 했던가. 곧 그들은 적십자에서 나눠주는 담배를 돈으로 활용하는 참신한 발상을 떠올렸다. 차, 커피, 코코아 한 잔을 마시려면 담배 2개비, 셔츠 한 벌은 담배 80~120개비에 거래하는 식이었다. 그들은 포로수용소라는 폐쇄된 사회에서 독자적인 '담배 돈'을 만들어냈다.

태평양의 야프(Yap)라는 섬에서는 돌을 돈으로 사용했다고 한다. 역사책을 보면 조개껍데기를 돈으로 썼다는 기록도 있다. 우리가 현재 쓰고 있는 지폐나 동전과는 다른 모습이다. 모양은 다르지만, 지폐, 담배, 돌, 조개껍데기에는 공통점이 있다. 교환의 매개로서 지불 수단 역할을 했다는 점이다. 이 역할을 한다면, 형태가 무엇이든 돈으로 통용된다.

💰 가치의 척도

돈을 교환의 매개 수단으로 사용하다 보니, 자연스럽게 돈이 하는 기능이 새로 생겨났다. 우선 가치 척도● 기능을 하기 시작했다. 사람들에게 한 시간 동안 일을 시키는 대가로 2만 원을 준다든가, 빵 한 개의 가격은 3천 원이라는 등 가치를 나타내는 단위로 돈을 쓴 것이다.

마트에 가면 모든 물건에 가격표가 붙어 있는데, 그 나라 돈의 단위로 표시되어 있다. 사과 한 알을 사려면 우리나라에서는 2,000원, 미국에서는 2달러, 베트남에서는 2만 동을 줘야 한다는 식이다. 물론 가계부나 기업의 매출 장부를 기록할 때도 모두 돈의 단위로 나타낸다. 이것이 돈의 가치 척도 역할이다.

💰 가치를 저장하다

돈의 기능이 하나 더 있다. 받은 돈을 물건 사는 데 모두 써버리는 대신, 다음 달이나 내년에 필요한 물건을 사기 위해 보관하는 사람이 생겨났다. 돈은 그 가치가 한동안 유지되므로 미래에 필요한 물건을 구매할 때도 쓸 수 있다. 이것이 가치를 저장하는 기능이다. 돈을 저축하는 건 바로 돈을 가치의 저장 수단으로 쓰는 것이다.

다시 말해, 사회에서 교환의 매개로서 지불 수단의 역할을 하는 것은 무엇이든지 돈이 된다. 현재 이 기능을 하는 돈은 지폐와 동전의 모습을 하고 있다. 그런데 돈은 이런 핵심 기능 말고도, 가치의 척도와 가치의 저장 수단●으로서도 기능한다.

돈이 하는 역할이 참 많다. 그러니 돈이 한자리에 머물지 못하고 계속 여기저기로 이동하며 돌고 도는 것이다.

돈이라는 말은 어디서 나왔을까?

돈의 어원과 발달

돈은 왜 '돈'이라고 불릴까? 돈은 다른 말로 화폐(貨幣)다. 한자를 들여다보면 조개를 뜻하는 '패(貝)'가 들어가 있다. 오래전 조개껍데기를 돈으로 썼기 때문이다.

우리말인 돈은 어떻게 생겨났을까? '돌고 도는 것'이라서 돈이라고 했다는 말이 있는데, 속설에 불과할 뿐 믿을 만한 과학적 증거는 없다. 돈이라는 말이 먼저 쓰이고 나서 후에 사람들이 만들어낸 해석이라는 쪽에 무게가 실린다.

돈의 어원을 알 수 있는 더 과학적인 두 가지 가설이 있다.

첫째, 칼 도(刀)에서 돈이란 말이 나왔다는 가설이다. 고대 중국에서 금속으로 만든 돈은 칼 모양이었다. 칼 형상의 돈이라는 뜻에서 도화(刀貨)라고 부르기도 하고, 도전(刀錢)이라고도 불렀다. 춘추전

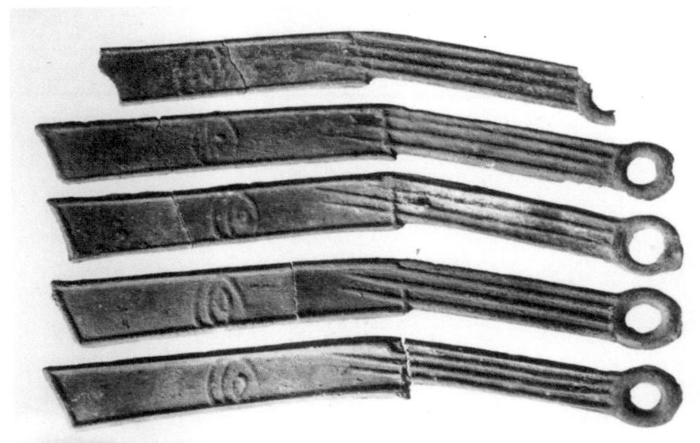

손칼 모양의 청동에 밝을 명(明)이 새겨져 있어 명도전으로 불렸다. 사진은 평북 강계군 전천면 중암동 중흥참에서 출토된 명도전. 국립중앙박물관 소장.

국시대 연나라에서 명도전(明刀錢)을 만들었는데, 고조선이 중국과 교역하면서 이 명도전이 한반도에 전파됐다. 이에 도화의 '도'를 따서 돈이란 이름이 나왔다는 주장이다.

둘째, 무게를 재는 단위인 '돈'에서 돈이란 이름이 유래됐다는 가설이다. 금, 은과 같은 귀금속을 잴 때 쓰는 단위가 돈이다. 참고로 '10돈=1냥'이다. 다른 나라에서도 돈의 이름이 무게의 단위와 일치한다는 점에서 이 가설은 많은 힘을 받는다.

여러 나라에서 돈의 이름이 무게의 단위와 일치하는 이유는 당시에 금속을 가지고 돈을 만들었기 때문이다. 금속의 무게는 곧 돈의 값어치와 직결됐다. 예를 들어 영국의 화폐 단위인 파운드는 무게 단위에서 비롯됐다. 『성경』에 나오는 달란트도 무게 단위에 뿌리를 둔다. 1달란트는 60파운드이며, 1파운드는 453.6그램이다.

「마태복음」에는 주인이 세 명의 종에게 각각 금 5달란트, 2달란트, 1달란트를 주었다는 내용이 있다. 금 5달란트는 300파운드로, 오늘날 가치로 따지면 약 170억 원에 이르는 엄청난 금액이다.

머니는 어떻게 유래됐을까

우리말 어원을 살펴보았으니, 영어 머니(money)의 어원도 알아보자. 머니의 어원은 로마 신화에 뿌리를 두는데, 주피터 신의 아내인 주노 여신은 주노 모네타(Juno Moneta)라는 별명을 갖고 있었다. 모네타는 '지키다, 감시하다'라는 뜻으로, 주노는 '수호의 여신'이라 할 수 있다.

로마인들은 주노 여신을 섬기는 신전을 지었고, 그곳에 주화를 만드는 주조소를 두었다. 수호의 여신이 외부의 도적에게서 주화를 안전하게 지켜주기를 기원하는 마음이었을 것이다. 이 모네타가 프랑스어에서는 모네(monnaie)로, 그리고 다시 영어에서는 머니가 되었다고 알려진다.

주화가 등장한 시기

기록을 통해 확인할 수 있는 돈의 역사는 기원전 3200년경 메소포타미아 문명으로 거슬러 올라간다. '셰켈'이라는 돈의 단위가 기록에 남아 있는데, 보리의 무게를 측정하는 단위이기도 했다. 셰켈은 『구약성경』에도 자주 등장한다(우리말 『성경』에는 세겔로 표현). 셰켈은 현재 이스라엘에서 사용하는 화폐 단위이기도 하다.

현대의 동전 모양에 가까운 주화가 처음 등장한 곳은 리디아(오늘

날 튀르키예)다. 기원전 600년경 금과 은으로 주조해 만든 사자 금화인데, 지금처럼 완벽한 원형을 갖추지는 않았지만 세계 최초의 주화로 꼽힌다.

리디아의 주화가 큰 인기를 얻으면서 그리스 도시국가들은 채굴한 은을 이용해 저마다 주화를 만들기 시작했다. 그렇게 주조 기술이 발달하면서 우수한 품질과 다양한 모습의 주화가 등장해 널리 쓰였다.

사람들이 싫어하는 돈이 있어?

악화

조개, 모피, 곡식 같은 물품 화폐까지 고려한다면 돈은 한반도의 역사와 함께해 왔다고 해도 과언이 아니다. 그럼 우리나라에서는 일정한 형태로 제작한 돈이 언제부터 쓰였고 어떻게 변화해 왔을까?

고조선에서 자모전(子母錢)이라는 돈이 제조됐다는 기록이 있지만 아직 실물이 발견되지 않아 원료도 확실하게 밝혀지지 않고 있다. 기록이나 유물로 확인할 수 있는 최초의 돈은 '건원중보'다. 고려 성종 15년(996) 때 발행된 돈으로, 철로 만들었다. 당시 사람들이 쌀(미화), 옷감(포화)을 주로 사용한 탓에 널리 쓰이지는 않았고, 술집이나 상점에서 주로 유통됐다고 한다.

이후로는 다양한 이름의 돈이 역사책에 등장한다. 고려 숙종 2년(1097) 때 대각국사 의천의 주장에 따라 돈을 만드는 관청인 주전도

감이 설치됐다. 이곳에서 해동통보, 삼한중보, 동국통보, 동국중보, 해동중보 등이 연이어 만들어졌다. 재료는 철이나 구리였다.

4년 뒤, 1101년에는 은 1근으로 우리나라 지형을 본떠 은병이라는 돈이 주조됐다. 은화의 탄생이다. 1근의 은이 들어가 있으니 그 가치가 매우 커 보통 사람들 사이에서는 널리 유통되지 못했다.

조선시대 세종 5년(1423)에 조선통보, 세조 10년(1464)에 팔방통보를 만들었다. 인조 11년(1633)에 그 유명한 상평통보가 등장했으나 얼마 지나지 않아 유통이 중지됐다. 오랫동안 쓰인 돈은 숙종 4년(1678)에 다시 발행한 상평통보다. 흔히 엽전이라고 부르는 게 바로 이것이다.

종이돈의 첫 등장

우리나라에 지폐가 처음 등장한 때는 고려 말 공양왕 3년(1391)으로, 저화(楮貨)라고 불렸다. 원나라의 지폐인 교초를 모방한 것으로 알려져 있으나, 역시 시중에서는 널리 유통되지 않았다.

여기서 잠깐, 세계에서 가장 먼저 지폐를 발행한 나라가 어디일까? 유럽일까?

바로 중국이다. 10세기 말 쓰촨성의 중심 도시였던 청두에서는 무거워서 가지고 다니기 불편한 철전을 맡기고 대신 교자(交子)라는 예탁증서를 받았다. 이것이 오늘날 우리가 사용하고 있는 은행권의 시조다. 유럽에서는 중국보다 600년 정도 늦은 17세기 초에 비로소 지폐가 사용되기 시작했다.

사람들이 원하지 않은 돈

다시 우리나라를 보자. 고종 3년(1866)에는 대원군이 왕실의 권위를 회복하기 위해 경복궁 중건 사업을 무리하게 강행했다. 이에 필요한 재원을 확보하고자 당백전(當百錢)을 만들었는데, 상평통보의 100배에 해당하는 고액권이었다. 그래서 '100배에 맞먹는(當) 엽전'이라는 뜻에서 당백전이라 불렀다.

그러나 사람들은 당백전의 가치를 그렇게 높게 인정하지 않았다. 상평통보의 5배 정도를 실질적인 가치라고 봤다. 정부가 1만 원짜리 지폐로 발행했는데, 시중에서 겨우 500원 동전의 구매력밖에 지니지 못했던 셈이다. 1만 원짜리 물건을 팔고 500원 가치에 해당하는

당백전을 받을 상인은 없으니, 이 돈은 인기가 없었다.

이처럼 사람들이 좋아하지 않는 돈을 악화(惡貨, bad money)라 부른다. 쉽게 말해 나쁜 돈, 사람들이 받기를 꺼리는 돈이다. 정부는 돈이라고 발행했는데, 국민이 원하지 않았던 것이다. 당백전에 대한 사람들의 신뢰가 추락하고 좋지 않은 여론이 비등하자, 반년도 안 되어 당백전은 주조가 중단되고 역사 속으로 사라졌다.

이때 생겨난 말이 "땡전 한 푼 없다"이다. 여기서 땡전은 당백전에서 유래한 말로, 가치가 형편없는 당백전조차 없는, 매우 가난한 신세를 나타내는 표현이다.

낮은 데서 높은 데로 움직인다고?

수익률

돈의 흐름과 금융을 더 잘 이해하려면 두 가지 사실을 기억하자.

첫째, 사람은 돈을 좋아한다. 돈은 생활하는 데 없어서는 안 될 대상이다. 새벽부터 밤까지 힘들게 일하는 이유도 돈 때문이다. 그런데 사람들은 "나, 돈 좋아해"라고 드러내놓고 말하기를 주저한다. 속물처럼 보일까 두려워서다.

그럴 필요는 없다. 돈을 좋아하는 건 절대 나쁜 게 아니다. 오히려 돈이 많은 사람은 존경받을 자격이 있다. 자신은 부자 되기를 원하면서, 부자를 보며 뒷말하는 이중적인 태도를 가진 사람은 부자가 될 자격이 없다.

진수도 돈을 좋아한다. 무척 좋아한다. 그래서 돈을 더 많이 벌려고 열심히 이리저리 뛰어다닌다. 월급이 많이 오르면 뛸 듯이 기뻐한다.

사람들은 왜 이렇게 돈에 진심일까? 돈이 있어야 의식주를 해결하고 욕구를 충족할 수 있어서다. 대인관계나 사회생활도 유지할 수 있고 삶의 질도 높아진다.

돈이 있으면 하고 싶은 걸 원하는 대로 할 수 있는 경제적 자유가 생긴다. 싫은 일을 하지 않는 것도 경제적 자유다. 싫은데 돈 때문에 어쩔 수 없이 해야 한다면, 얼마나 서글프고 고통스러울까? 곧 돈의 노예가 되는 셈이니 말이다.

돈은 안전과 건강도 가져다준다. 병에 걸리거나 사고를 당해도 돈이 있다면 치료를 받아 건강을 회복할 수 있다. 깨끗하고 안전한 집에서 맛있고 건강한 음식을 먹을 수 있게 해주는 것도 돈이다.

마지막으로 돈은 꿈을 이루는 수단이기도 하다. 원하는 꿈은 그냥 이뤄지지 않는다. 돈을 들여야 꿈을 실현할 수 있다. 이렇게 여러 가지 이유로 돈을 좋아하지 않을 수 없다.

물은 높은 곳에서 낮은 곳으로 흐른다는데

돈에 대한 사람의 욕구는 끝이 없다. 은행에 저축하고 받는 이자에 만족하지 못하는 사람은 이왕이면 더 많이 벌고 싶은 욕구가 꿈틀거린다. 그리고 대안을 찾는다. 투자다.

가치가 있는 자산이 있는데 앞으로 그 자산이 더욱 인기를 얻을 거라는 판단이 서면 자산을 사둔다. 시간이 지나 예상대로 자산의 값이 오르면 되팔아 차익을 얻는다. 이것이 투자 수익이다.

수익률●이 더 높아 보이는 새 자산이 눈에 들어

수익률
장래에 생기는 수익을 투자한 금액으로 나눈 비율이다.

오면 사람들의 관심은 다시 새 자산으로 옮겨 간다. 그렇게 돈이 몰린다. 여기에서 중요한 돈의 속성을 알 수 있다.

"돈은 수익률이 낮은 곳에서 높은 곳으로 움직인다."

수익률이 조금이라도 높은 자산에 돈이 몰린다는 뜻이다. 사실 돈은 스스로 움직이지 않는다. 돈의 주인이 수익률이 더 높은 쪽으로 돈을 옮기는 것이다.

투자 역시 금융에서 아주 중요한 비중을 차지하는 만큼, 이 책에서도 투자에 대해 많이 설명하려 한다. 뒤의 4장에서 만나보자.

🪙 골룸 말고 제왕이 되자

돈을 좋아하는 건 지극히 정상이고 당연하다. 문제는 그 정도가 지나치거나 잘못된 방법으로 좋아하는 사람 때문에 발생한다.

사랑과 마찬가지다. 이 세상에서 제일 아름답고 숭고한 마음이 사랑이다. 누구를 사랑하는 것만큼 고결하고 훌륭한 일은 없다. 그런데 간혹 상대를 사랑하다 못해 집착하는 사람이 있다. 그게 문제가 된다.

돈도 집착하면 곤란하다. 돈에 집착하는 사람은 수단과 방법을 가리지 않고 돈을 원한다. 그리고 사회가 정한 규칙을 무시하고 돈을 얻는다. 다른 사람은 전혀 배려하지 않고 돈을 많이 벌기만 바란다. 다른 사람을 속이는 것도 모자라 신체를 해치면서까지 돈을 좇는다.

이런 사람은 돈의 노예가 된 것이다. 돈은 인간이 부리는 존재이지, 인간이 돈의 부림을 당하는 노예가 되어서는 안 된다. 이보다 비참한 인생은 없다.

영화 〈반지의 제왕〉은 반지를 잘 이용하는 제왕의 자리에 오르는 모험 이야기다. 제왕이 되어야지, 반지에 굴복당한 골룸이 되어선 안된다.

💰 내일을 생각하기

둘째, 사람은 위험을 싫어한다. 물론 위험을 싫어하는 정도에는 사람마다 차이가 있으나, 기본적으로 사람은 위험을 피하려는 속성이 있다.

그래서 사람은 미래를 염려한다. 미래에 어떤 위험이 닥칠지 모르니, 미리 대비하려는 심리가 있다. 저축하는 이유도 미래를 생각하기 때문이다. 내일을 생각하지 않는 사람이 저축할 리 없다.

이렇게 위험을 싫어하는 사람들을 대상으로 보험이 생겨났다. 사람들은 위험이 닥치면 피해를 금전적으로 보장해 주는 보험을 사고 돈을 낸다. 더 나아가 장래에 은퇴하면 소득을 벌지 못하므로 노후에 닥칠 위험도 염려한다. 그래서 연금에 가입해 돈을 넣는다.

당연히 보험과 연금도 돈의 사용과 이동에 관한 것이므로 금융의 일부분이다. 이는 6장에서 본격적으로 살펴볼 것이다.

"사람은 돈은 좋아하고 위험은 싫어한다"는 사실을 명심하자.

7

보이지 않는 돈을 믿어?

디지털 화폐

2009년, 세상을 놀라게 만든 것이 탄생했다. 비트코인이다. 탄생부터 시끌벅적하더니 지금까지 사람들에게 많은 이슈가 되고 있는 비트코인은 당시 생소했던 블록체인이라는 기술에 기반해서 암호화 기술을 더한 것으로, 디지털 파일이 임의로 복사되지 못하게 함으로써 희소성을 확보한다는 점을 내세웠다.

희소하니 가치가 형성되고, 사람들의 호응도 뜨거웠다. 이후 이더리움 등 비슷한 방식으로 많은 코인이 등장했는데, 이런 것들을 암호화폐(cryptocurrency)라 부른다. 가상화폐라고도 한다.

암호화폐라는 이름이 붙었으므로 일상생활에서 우리가 사용하는 돈(화폐)이라고 생각하는 사람들이 많다. 그러나 암호화폐는 공식적인 돈으로 인정받지 못하고 있다. 왜 그럴까?

💰 결제 수단이 아니잖아

앞서 보았듯이 돈(화폐)은 일상에서 교환의 매개, 가치의 척도, 가치의 저장이라는 세 가지 역할을 한다. 그런데 암호화폐는 이 세 기능을 잘 수행하지 못한다.

첫째, 일상 거래에서 암호화폐를 받는 상점이나 식당 주인이 없으므로 교환의 매개 수단 기능을 하지 못한다. 미국 기업 테슬라가 비트코인으로 신차 구매 결제를 허용했다는 소식이 전해진 적이 있지만, 아직 일상적인 거래에서 비트코인은 결제 수단이 되지 못한다.

둘째, 암호화폐는 재화나 서비스의 가치를 표시하는 단위로도 쓰이지 않는다. 예를 들어, '자동차 가격=25○○코인'이라는 식으로 계산되지 않는다.

셋째, 암호화폐는 가치 변동이 매우 심하다. 가치를 저장하는 수단으로 암호화폐를 쓰기엔 치명적인 약점이 있다는 말이다.

이처럼 암호화폐가 세 가지 기능 가운데 어느 것 하나 변변하게 해내지 못하니, 당연히 경제 속 화폐가 아니다. 처음 용어를 만들면서 미래의 화폐가 될 수 있다는 희망을 담아 '화폐'라는 말을 붙였을 뿐인데, 결과적으로 많은 사람을 혼란에 빠뜨렸다.

그렇다고 암호화폐가 아무 가치가 없다는 뜻은 아니다. 전체 채굴량이 정해져 있는 만큼 희소하므로 가격이 형성되고 거래가 이뤄지는 것이다. 갈수록 가격이 더 오를 거라고 믿는 사람들은 암호화폐에 투자한다. 그러므로 암호화폐는 엄연히 투자 자산 가운데 하나다.

이에 정부는 법을 만들어 암호화폐를 가상자산(virtual asset)●이라는 범주에 넣었다. 일상 거래에 쓰이는 돈은 아니지만, 투자 대상이 되는 자산임을 명확하게 규정한 것이다. 가상 공간에 존재하고, 전자적으로 거래하고 이전할 수 있으며, 경제적 가치를 지니는 것이면 가상자산이 된다.

💰 설마 미래엔 돈도 2진수로?

역사적으로 돈(화폐)은 '물품(곡물, 소금 등) → 금속(금, 은 등) → 금속 주화 → 지폐'로 그 모습이 변해 왔다. 그런데 지금까지 인간이 사용한 돈에는 한 가지 공통점이 있다. 일정한 형태가 있어 눈으로 보거나 손으로 만질 수 있다는 점이다.

그런데 디지털 기술의 발달로 앞으로는 돈의 모습이 지금까지와는 다르게 변할지도 모르겠다. 2진수 같은 디지털 정보로서 전자적 방식으로 거래되는 디지털 화폐가 새로운 돈이 되리라는 게 전문가들의 예상이다.

지폐든 디지털 화폐든, 한 나라의 공식적인 돈이 되려면 중앙은행이 돈이라고 법으로 공인해야 한다. 이런 돈을 법정화폐(줄여서 법화)라 부른다. 법으로 인정한 화폐라는 뜻이다. 다시 말하면, 암호화폐는 우리나라에서 법정화폐가 아니다. 다른 나라의 사례를 보면 2021년 엘살바도르가 세계 최초로 비트코인을 법정화폐로 채택한다고 선언해 세상을 놀라게 했다.

미래에 다가올 디지털 세상에 대비해 각국의 중앙은행에서는 자국의 법정화폐, 즉 공식적인 돈으로 사용할 자체적인 디지털 화폐를 연구 중이다. 이 돈을 중앙은행 디지털 화폐(Central Bank Digital

Currency), 즉 CBDC라고 한다.

중앙은행이 주도해 발행하는 CBDC는 블록체인 기술을 활용해 결제한다. 물론 개인이 컴퓨터를 이용해 CBDC를 채굴할 수 없으며, 중앙은행이 가치를 일정하게 보증한다는 점에서 민간이 만든 암호화폐와는 분명히 다르다.

CBDC가 법정화폐로 정식 도입되면 지폐나 동전을 소지할 필요가 없다. 종이 통장도 필요 없다. 대신 사람들은 전자지갑을 가진다. 여기에 CBDC가 충전되고 필요할 때마다 QR 코드 등을 이용해 결제하는 세상이 열린다. 기존의 간편 결제와 원리는 비슷하지만, CBDC는 정부가 공식적으로 인정하는 법정화폐이므로 특정 서비스에 가입할 필요 없이 어디서나 사용 가능하며 송금도 가능하다.

🪙 빅 브라더가 탄생할지도 몰라

그러나 빛과 그림자가 함께한다. 제일 두려운 그림자는 빅 브라더의 탄생이다. 예를 들면, 지금은 진수가 용돈 1만 원을 받는지, 전통시장에서 떡볶이를 먹는지 중앙은행은 알 길이 없다.

그런데 전자지갑을 사용하면 모든 거래가 전자적으로 기록되므로 중앙은행이 들여다볼 수 있다는 우려가 있다. 누구에게서 누구에게로 얼마의 돈이 언제 이전됐는지 등 모든 국민의 돈거래를 일일이 추적할 수 있다. 이와 같은 우려를 불식하기 위해 한국은행은 전자지갑의 주인에 대한 정보를 난수값으로만 제공함으로써 돈거래의 당사자가 누구인지 알 수 없게 할 것이라고 말한다.

8

금융에도 심장이 있다고?

금융회사

당사자끼리 직접 돈을 주고받기도 하지만, 보통은 금융회사를 통해 돈의 거래가 이뤄진다. 금융회사는 사람들의 돈을 관리해 주고 각종 금융 거래를 도와주는 곳이다. 과거에는 금융기관이라고 불렀으나, 정부 기구 같은 느낌이 들어 요즘에는 이윤을 추구하는 기업임이 잘 드러나도록 금융회사라는 용어를 쓰는 추세다. 은행은 금융회사 중에서 역사가 제일 오래된 곳으로, 금융회사를 대표한다.

금융이 원활하게 작동하고 경제에 도움이 되는 순기능을 수행하려면 금융시장과 금융회사가 안정적이어야 한다. 물이 흐르듯이 넘치는 곳에서 필요한 곳으로 돈이 부드럽게 이동해야 한다.

그래서 금융회사의 역할을 심장에 비유한다. 동맥과 정맥에 연결된 심장이 들어오는 피와 나가는 피를 원활하게 돌리며 힘차게 펌프

질하고, 이 피가 온몸 구석구석으로 고루 순환해야 육체가 건강하다. 만약 피의 순환이 원활하지 않으면 동맥경화에 걸려 병이 생긴다.

이와 마찬가지로 경제가 작동하고 성장하려면 경제의 혈액인 돈이 잘 돌아야 한다. 돈이 잘 돌기 위해서는 금융회사가 돈이 경제 구석구석으로 이르도록 역할을 다해야 한다. 금융회사는 돈을 순환시키는 경제의 심장이다.

💰 돈 문제 해결사

여윳돈을 갖고 있는 사람과 돈을 빌리려는 사람이 완벽하게 짝을 이뤄 직접 돈을 거래하는 일은 비현실적이다. 여윳돈이 있는 개인은 수가 많지만, 보유한 돈은 많지 않다. 빌려주려는 기간도 비교적 짧다. 반면에 돈을 빌리려는 개인이나 기업은 많은 돈을 원하며, 빌리려는 기간도 비교적 길다.

예를 들어, 100만 원 정도의 여유 자금이 있는 사람들이 100명 있고, 1억 원의 사업 자금이 필요한 회사가 하나 있다고 하자. 이 회사가 1억 원을 빌리려면 100명을 찾아가서 일일이 차용증을 써야 한다. 여간 복잡한 일이 아니다.

돈을 빌려주는 사람도 걱정이 많다. 돈을 빌리는 회사를 믿기 어렵기 때문이다. 행여 사업이 망해 버리기라도 한다면 여윳돈을 날리고 말 것이다. 또한 만기가 언제인지, 이자는 얼마로 할 건지를 놓고 협상해야 한다.

이때 은행 같은 금융회사가 이러한 문제를 속 시원하게 해결해 준다. 여유 자금을 갖고 있는 사람은 돈을 금융회사에 예금한다. 금융회사는 전문 인력을 고용해 돈을 빌리려는 개인이나 회사의 신용도를 철저히 검증한다.

💰 다양해지는 금융 메뉴

경제가 발전하면서 사람들이 원하고 필요로 하는 금융 서비스가 다양해졌다. 은행이 다양한 금융 서비스를 감당하기에 벅찰 정도다. 그래서 다양한 수요에 부응하고 새로운 금융 서비스를 제공하기 위해 전문화되고 특화된 금융회사들이 생겨났다.

그 결과, 은행 외에도 상호저축은행, 증권●회사, 보험회사, 신용카드회사 등 아주 다양한 종류의 금융회사가 있다. 각 금융회사는 나름대로 존재 이유가 있으며 업무 영역도 특화되어 있다. 고객은 자신에게 맞는 금융회사를 선택해 거래하면 된다.

정부는 금융회사의 종류별로 법을 만들어 설립 조건을 명시하고, 담당 업무까지 일일이 제한한다. 하는 일의 종류에 따라 금융회사 이름에 어떤 문구를 넣어야 한다는 것까지 규제한다.

만약 이런 규제가 없다면, 개인이 회사 이름을 '○○은행'으로 붙인 다음 사람들의 돈을 받고 사라질 우려가 있다. 그러면 돈을 맡긴 사람들이 손해를 입는 것은 물론이고, 금융시장 전체가 혼란에 빠질 것이다.

증권

주식이나 채권처럼 재산적인 가치가 있는 문서를 말한다. 증권의 발행과 유통을 주요 업무로 하는 회사가 증권회사다.

9

은행이 길거리에서 시작됐다고?

은행과 투자은행

역사가 가장 오래되었을 뿐 아니라 경제에서 중추적인 역할을 하는 금융회사는 단연코 은행이다. 은행(銀行)의 한자를 풀이하면 은이 들락날락하는 곳이라는 뜻이다. 왜 금행(金行)이라 하지 않고 은행이라고 했을까? 지구에 금 매장량이 훨씬 적어 귀했던 탓에, 역사적으로 금보다 은이 더 오랫동안, 더 널리 돈으로 쓰였기 때문이다.

은행의 뿌리는 로마 시대에서 찾을 수 있다. 돈을 빌려주는 사람들은 뜰의 한복판에 칸막이를 치고 긴 의자에 앉아 있었다. 이 긴 의자를 방쿠(bancu)라고 했다.

르네상스 시기에는 전당포업자나 금 세공업자가 은행 역할을 담당했다. 이들은 초록색 천으로 덮은 책상에서 돈을 거래했다. 이탈리아어로 은행은 방카(banca)인데, 나무 책상 또는 긴 의자를 뜻하는 이탈리아어 방코(banco)에서 비롯됐다. 이것이 영어의 뱅크(bank)가 되었다.

💰 이탈리아의 번영을 이끈 은행

유럽에서 역사가 깊고 인지도가 높은 은행 가운데 하나가 이탈리아의 메디치 은행이다. 역사책에 등장하는 유명한 메디치(Medici) 가문이 1397년에 설립한 은행이다. 메디치 은행은 이탈리아 피렌체 지역을 기반으로 급성장했다. '금꽃'이라는 뜻을 지닌 금화만 거래한 게 성장의 비결이었는데, 이 금화는 순금 2.7그램으로 크기와 양이 일정했고 유럽 전역에서 상거래의 중심 통화 역할을 했다.

교역과 고리대금으로 막대한 부를 축적한 메디치 가문은 당대의 철학가, 건축가, 화가와 친밀한 관계를 유지하면서 예술 활동과 공공사업을 후원했다. 부 축적에 대한 비난과 죄의식에서 조금이나마 벗어나려는 의도였다.

덕분에 르네상스 시대가 열렸고 세계 역사가 바뀌는 초석이 되었다. 지금도 피렌체는 시가지 곳곳이 박물관이라는 평을 받을 정도로 르네상스 시대의 걸작과 건축물로 즐비해 이탈리아 여행의 필수 지역으로 꼽힌다.

💰 금융에도 빅뱅이 있었어?

우주를 탄생시키고 시간과 공간을 만든 대폭발을 의미하는 빅뱅(Big Bang). 경제학의 세계에도 빅뱅이 있었다. 무슨 일이 벌어졌던 것일까?

한때 세계 금융의 중심지였던 런던이 제2차 세계대전 이후 주도권을 잃고 뉴욕이 그 자리를 대신 꿰찼다. 이에 영국은 세계 금융 중심지의 명성을 되찾기 위해, 금융시장을 통제하던 각종 규제를 과감히 철폐했다. 무한 경쟁을 통해 영국 금융 산업의 경쟁력을 키우겠다는 전략이었다.

영국은 이런 과감한 조치를 감행한 덕에 효과를 거두었다. 그러자 다른 국가들도 잇따라 금융시장을 개방하고 자유화했다. 이러한 금융 자유화 조치가 우주 대폭발에 비견되는 큰 변화와 충격을 경제에 초래했다는 점에서 빅뱅으로 불린다.

세계의 금융시장에서 눈에 띄는 현상 가운데 하나가 투자은행(investment bank)의 등장이다. 투자은행은 한 금융회사가 주식이나 채권 발행과 거래, 기업 인수에 대한 자문, 기업 대상의 자금 조달과 공급 등 모든 업무를 담당한다는 점에서 일반은행과 다르다. 한마디로 산하에 보험사나 부동산 회사 등을 설립하고 종합 금융 서비스를 취급하는 등 몸집이 대형화된 금융회사다.

미국의 골드만삭스(Goldman Sachs), JP모건 체이스(JP Morgan Chase), 모건 스탠리(Morgan Stanley), 씨티그룹(Citi Group) 등이 대표적인 투자은행이다. 영국의 HSBC, 독일의 도이체 방크(Deutsche Bank), 일본의 노무라 증권 등도 세계적으로 유명하다.

우리나라도 세계 금융회사들과 경쟁하려면 대형 투자은행이 필요하다. 현재 미래에셋대우, NH투자증권, 삼성증권, KB증권, 한국투자증권이 투자은행의 자격을 취득했다.

10

은행인데 금고가 없다고?

핀테크와 인터넷 전문은행

금융도 디지털 기술의 무풍지대는 아니다. 인터넷이 보급되면서 은행 업무를 컴퓨터로 처리하는 인터넷 뱅킹이 등장했을 때 사람들은 신기해했다. 이후 스마트폰, 태블릿 등 모바일 기기가 보급되면서 이동하는 대중교통에서도 금융 거래를 할 수 있는 모바일 뱅킹까지 생겨났다.

금융에 정보 통신 기술이 더해져 새로운 거래 방법과 혁신적인 금융 서비스를 제공하는 것을 핀테크(fintech)라고 부른다. 금융(finance)과 기술(technology)의 합성어다. 간단히 말하면 금융 산업의 디지털화다. 오프라인 지점을 중심으로 영업하는 전통적인 형태에서 벗어나, 고객의 편의성을 높이기 위해 인터넷이나 모바일 기반의 금융 서비스를 제공하는 것이 핀테크의 대표적 사례다.

모바일 뱅킹 덕분에 사람들은 시간과 장소에 제약받지 않고 조회, 이체, 대출 같은 은행 업무를 처리할 수 있다. 은행은 모바일 뱅킹을 이용하는 고객에게 수수료를 할인해 주거나 아예 면제해 준다. 모바일 뱅킹 덕분에 영업점의 혼잡이 줄어들고 은행원 감축 등으로 비용을 절감할 수 있어서다.

간편 결제 서비스도 인기 있는 디지털 서비스 가운데 하나다. 서비스나 물건을 구매한 후에 지갑을 여는 대신 휴대전화를 내밀어 '○○페이'로 결제한다. 모바일 기기에 계좌번호나 신용카드 번호를 미리 등록해 놓으면 지문 인식이나 비밀번호 입력만으로 간편하게 결제할 수 있다.

로보 어드바이저(robo-advisor)도 있다. 인공지능을 활용해 고객의 성향, 돈의 성격, 재무 목표 등을 정밀하게 분석한 뒤, 고객 돈을 니즈에 맞춰 관리해 준다. 과거에는 사람이 하던 일을 인공지능 로봇이 대신하는 것이다. 감정이나 착오로 인한 실수를 배제할 수 있으며 적은 수수료로 24시간 서비스를 제공한다는 장점이 있다.

🪙 데이터 수집에 진심인 이유

인공지능이 고객의 성향을 제대로 분석하려면 대규모 데이터가 있어야 한다. 그래서 금융회사는 고객의 각종 데이터를 수집하려 애쓴다. 데이터가 많아질수록 의미 있고 정확한 결론을 얻을 가능성이 높아지기 때문이다. 이를 빅데이터 기술이라 한다. 신용카드사는 고객의 신용카드 사용처, 사용 금액, 사용 주기 등을 수집해 고객이 선호하는 신용카드를 개발해 가입을 유도하는 식이다.

금융회사뿐 아니라 유통사, 제조사, 통신사도 간편 결제 서비스를 적극 도입하고 있는데, 그 배경에도 고객의 데이터를 확보하려는 목적이 있다. 회원으로 확보한 수많은 고객의 소비 패턴을 수집해 빅데이터화 기술을 적용하면 고객 맞춤형 마케팅을 펼치기에 유리하다. 이 서비스에 만족한 고객은 해당 업체의 충성 고객이 될 가능성이 크다.

💰 오프라인 지점이 하나도 없다?

핀테크는 오프라인 영업점이 아예 없는 은행까지 탄생시켰다. 은행 업무를 온라인 네트워크를 통해 모바일 기기로 처리할 뿐, 대면 업무는 하지 않는다. 이런 인터넷 전문은행은 현재 우리나라에 세 곳(케이뱅크, 카카오뱅크, 토스뱅크)이 있다. 해외에서는 다이렉트 뱅크, 버츄얼 뱅크, 온라인 뱅크 등으로 부른다.

인터넷 전문은행은 모든 거래를 비대면 온라인으로 처리하므로 건물 임대료, 은행원 인건비 등을 절감할 수 있다. 은행 운영비가 적게 드니 예금하는 고객에게는 상대적으로 높은 예금 금리를, 대출하려는 고객에게는 상대적으로 낮은 대출 금리를 제시해 기존의 오프라인 은행들과 경쟁하고 있다.

최근에는 테크핀이라는 말도 자주 쓰인다. 핀테크와 마찬가지로 금융과 기술의 합성어이지만, 기술이 먼저 나온다. 말의 순서에 의미를 두면 차이점이 보인다. 금융회사가 기존 금융 서비스에 디지털 기술을 접목하는 게 핀테크라면, 테크핀은 디지털 기술 기업이 독자적인 기술을 바탕으로 차별화된 금융 서비스를 도입하는 것을 말한다.

예를 들어, 'ㅇㅇ페이'가 은행에 의해 주도된다면 핀테크이고, ICT

업체가 도입한 거라면 테크핀이다. 일부에서는 핀테크를 '전통' 핀테크, 테크핀을 '신흥' 핀테크로 구분하기도 한다.

메신저나 포털 같은 ICT 업체들은 다수의 이용자나 회원을 확보하고 있다. 통신 서비스 회사도 가입자를 많이 보유하고 있다. 방대한 양의 고객 데이터를 확보할 잠재력이 있는 것이다. 그럼 빅데이터 기법으로 고객이 원하는 혁신 금융 서비스를 제공해 업무 영역을 확장하고 수익을 창출할 수 있다.

💰 디지털 금융 혁신의 양지와 음지

디지털 기술 덕분에 금융 소비자●가 누리는 혜택이 다양해지고 금융 생활도 한층 편리해졌다. 금융 서비스의 사각지대에 있던 농어촌 거주자들도 모바일 기기와 인터넷만 있다면 편리하고 신속하게 금융 서비스를 이용할 수 있다.

그러나 양지가 있으면 음지도 있는 법이다. 디지털 금융 혁신의 혜택을 누리는 사람들은 주로 저연령층, 고소득층이다. 디지털 기술에 접근하기 어려운 환경에 있거나 디지털 역량이 부족한 계층이 디지털 금융의 혜택을 누리지 못하는 금융 소외● 현상이 발생한다. 이들은 금융회사 지점이 사라진 탓에 관련 업무를 보려면 먼 거리를 이동해야 한다. 디지털 사회에서는 디지털 취약 계층이 어려움을 겪는다.

금융 소비자

금융시장에서 은행, 증권회사, 보험회사, 신용카드사 등이 판매하는 금융 상품(예금, 적금, 주식, 펀드, 대출, 보험 등)을 구매하는, 즉 금융 상품에 가입하는 고객을 말한다.

금융 소외

금융 소비자가 금융 상품에 접근·가입하지 못해 금융 서비스를 이용하는 데 어려움을 겪는 현상이다.

　디지털 기술을 이용한 금융 사기 등 새로운 유형의 범죄가 기승을 부리는 점도 문제다. 디지털 금융 사기의 피해 규모가 점점 커지는 만큼 금융 소비자의 각별한 주의와 대비가 필요하다.

11

돈에도 가격이 있어?

합리적 금융 의사결정

경제 의사결정의 기본 원리는 편익과 비용을 비교하는 것으로, 비용에서 제일 중요한 요인은 가격이다. 마찬가지로 금융 의사결정을 합리적으로 하려면 편익과 비용을 비교해야 하고, 이 비용에서 중요한 요인은 돈의 가격이다.

돈의 가격은 금리, 환율과 직결된다. 금융 의사결정에 있어 금리와 환율이 매우 중요한 고려 요인이라는 말이다. 금융 의사결정을 합리적으로 하려면 금리와 환율의 속성, 변동, 변화 추이를 제대로 파악해야 한다.

금리(이자율)는 돈의 수요와 공급에 따라 결정되는 돈의 가격이다. 그러므로 돈의 공급은 변함없는데 돈을 빌리려는 수요가 증가하면 돈의 가격, 금리가 상승한다. 반대로 돈의 수요는 변함없는데 돈을 빌려주려는 공급이 증가하면 금리가 하락한다.

그렇다면 돈의 수요와 공급은 왜 변할까? 경기가 바뀌기 때문이다. 경기가 좋아져서 경제 활동이 활발해지면 기업은 시설을 확장하고 생산을 늘린다. 돈에 대한 수요가 증가하고 금리도 상승한다. 반대로 불경기에는 기업들의 생산 활동이 위축되므로 돈에 대한 수요가 줄어들고 금리가 하락한다.

돈의 공급은 사람들의 저축 성향에 의해 영향받는다. 개인의 소득이 감소하거나 소비가 증가하면 그만큼 저축이 줄어들고 자금 공급도 감소하면서 금리가 오른다. 한국은행의 정책도 중요하다. 한국은행이 돈의 공급을 줄이면 금리가 높아진다.

💰 돈길을 바꾸는 금리

금융 의사결정을 할 때 금리의 방향이 중요한 역할을 한다. 만약 금리가 상승하면 높아진 금리로 대출을 받더라도 이익을 더 많이 낼 자신이 있는 기업만 돈을 빌릴 것이다. 반면에 이자만큼의 수익을 벌 자신이 없는 기업은 돈 빌리기를 포기한다.

결국 상대적으로 이익을 많이 낼 수 있는 기업으로 돈이 흘러가고, 그렇지 못한 곳엔 흘러가지 않는다. 돈이 효율적으로 쓰일 수 있는 곳으로 흘러가도록 배분해 주는 게 금리가 하는 역할이다.

개인이 보유하고 있는 돈도 마찬가지다. 사람들이 투자할 대상으로 은행 예금, 주식, 부동산이 있다고 하자. 금리가 내리면 사람들은 은행에 있던 예금을 주식이나 부동산 시장으로 옮겨 더 높은 수익률을 노릴 것이다. 그 결과, 주가나 부동산 가격이 오른다. 반대로 금리가 오르면 주식이나 부동산에 있던 자금을 은행 예금으로 옮기면서 주가나 부동산 가격이 내려간다.

💰 환율이 올라가면 생활비가 더 드네

환율도 돈의 가격인데, 외국 돈과 대비한 가격이다. 외환시장에서 우리나라 돈(원화)의 가격이 오르고 내림에 따라 환율도 변동한다. 환율은 대부분 국가에서 '1,000원/달러'라는 식으로 표현한다. 즉, 외국 돈을 기준으로 원화의 가격을 표시하는 것이다.

환율 표기 방식 때문에 헷갈릴 때가 있다. 만약 환율이 1달러에 1,000원에서 1,100원으로 올라가면, '1달러짜리 물건'을 사기 위해 원화를 100원 더 내야 하므로, 원화 가치가 떨어진 것이다. 환율과 원화 가치는 반대로 움직인다.

환율 상승 = 원화 가치 하락

환율 하락 = 원화 가치 상승

원화 가치가 하락하면, 즉 환율이 상승하면 벨기에산 수입 삼겹살, 미국산 수입 오렌지, 브라질산 수입 커피 가격이 일제히 오른다. 소비자의 생활비 부담이 커지고 식탁 위의 반찬 구성이 달라진다.

💰 다른 나라의 환율

이 세상에는 달러 말고도 외국 돈이 많다. 다양한 외국 돈과의 환율은 어떻게 결정될까? 일본 엔화 외환시장, 중국 위안화 외환시장,

유로 외환시장, 영국 파운드화 외환시장, 태국 바트화 외환시장 등 외국 돈마다 우리나라에 시장이 따로 있는 것일까?

아니다. 달러 외의 돈에 대한 수요와 공급은 상당히 적기 때문에 거래가 거의 이뤄지지 않는 날도 많다. 손님도 없는데 시장을 유지하는 것은 매우 비효율적이다.

따라서 달러를 제외한 다른 국가의 돈과 원화 사이의 환율은 간접적인 방법으로 산출한다. 예를 들면, 원화의 환율이 1달러에 1,000원이고, 동경 외환시장에서 엔화의 환율이 1달러에 100엔이라 하자. 그렇다면 원화와 엔화의 환율은 두 환율을 이용해서 다음과 같이 산출한다.

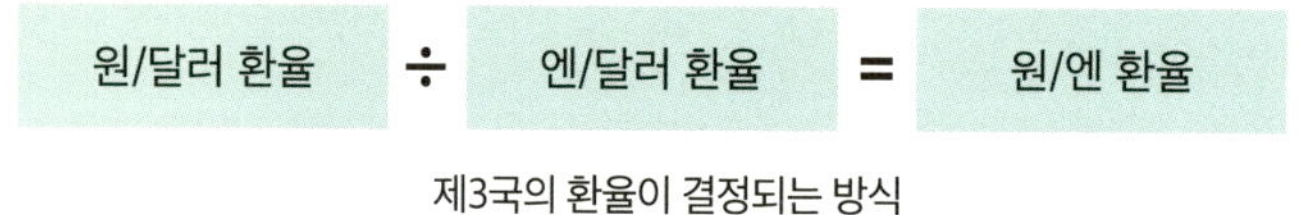

제3국의 환율이 결정되는 방식

즉, 1엔에 10원으로 환율이 계산된다. 단, 원화와 엔화 사이의 환율은 100엔에 해당하는 원화로 나타낸다. 따라서 엔화에 대한 원화의 환율은 100엔에 1,000원이다.

첫째도 둘째도 안전이야!

약관

성인이 되면 저축, 주식이나 펀드 투자, 보험 가입, 신용카드 발급 등 각종 금융 관련 거래를 하기 시작한다. 여기에서 제일 유념할 사항은 안전이다. 자칫 잘못하면 애써 번 돈을 순식간에 잃어버릴 수 있기 때문이다.

모든 금융 거래는 계약을 통해 이뤄진다. 이를테면 은행에서 통장을 개설하는 순간, 은행과 계약을 맺는다. 그때 많은 내용이 기록된 서류에 서명하고 동의란에 체크한다. 따라서 계약 내용이 자신에게 일방적으로 불리하지는 않은지, 자신이 지킬 수 있는지 등을 계약하기 전에 반드시 확인해야 한다. 사정이 급하다고 "설마 이 정도는 괜찮겠지" 하면서 무심코 계약했다간 나중에 날벼락을 맞는 일이 발생할 수 있다.

💰 빚을 갚지 못하면 살을 베겠다니

금융 거래에서 계약이 얼마나 중요한지 보여주는 유명한 문학 작품이 하나 있다. 세계적인 대문호 윌리엄 셰익스피어가 쓴 희곡『베니스의 상인』이다.

안토니오는 친구를 위해 평소 경멸하던 고리대금업자 샤일록에게 돈을 빌린다. 사이가 좋지 않았던 샤일록은 가혹한 조건을 내세운다.

"만약 돈을 갚지 못하면, 당신의 심장 부근에서 살 1파운드를 도려내겠다."

자신의 상선이 도착하는 대로 돈을 무난히 갚을 수 있을 것으로 안이하게 판단한 안토니오는 이 조건을 덥석 받아들인다. 그러나 신의 장난처럼 안토니오의 상선이 모두 침몰하면서 안토니오는 돈을 갚지 못하는 처지로 몰린다.

자비를 베풀어달라는 사람들의 청을 거절한 샤일록은 굳이 살을 잘라내겠다고 고집한다. 이 문제는 법정으로 넘어갔고, 현명한 재판관은 계약 내용에 따라 안토니오의 살을 베어내도 좋다고 판결한다. 대신 조건을 덧붙인다. 살 1파운드에서 털끝만큼이라도 무게가 차이 나서는 안 되며, 계약 내용에 없는 피를 한 방울이라도 흘리면 샤일록의 전 재산을 몰수하겠다는 것이었다.

사실 안토니오와 샤일록이 맺은 계약은 사회적으로 용납되지 않는다. 하지만 돈이 급했던 안토니오는 미래 수입에 대한 불확실성을 고려하지 않은 채 불공정한 계약을 덥석 받아들이는 실수를 저질렀다. 현명한 재판관이 없었으면 목숨까지 잃을 뻔했다.

현실에서도 계약으로 인해 억울한 상황을 겪는 사례가 많이 발생한다. 아무리 적은 금액이라도 계약 내용을 소홀히 해서는 안 된다. 일이 잘못되더라도 본인의 능력으로 충분히 감당할 수 있는 내용인지 반드시 점검해야 한다.

금융회사가 수백만 명에 이르는 고객과 일일이 다른 내용을 담아 계약서를 작성하는 것은 비현실적이다. 그래서 고객에게 공통으로 적용되는 주요 계약 내용과 조건을 일정한 형식으로 미리 마련해 놓는다. 이를 약관이라고 한다.

약관에는 금융 상품의 목적, 운용 방법, 계약 기간 등 중요한 정보가 담기므로, 금융 거래를 하기 전에 반드시 주요 내용을 확인·숙지해야 한다. 하지만 약관에는 일일이 읽기가 힘들 만큼 엄청난 분량의 내용이 깨알같이 담겨 있는 것이 현실이다. 금융 소비자가 모두 읽고 이해하기는 불가능에 가깝다.

따라서 공정거래위원회는 금융회사에 일방적으로 유리한 내용이 들어가지 못하도록 표준 약관●을 제시하고 있다. 불공정한 내용의 약관이 통용돼 금융 소비자가 피해 보는 일을 막기 위해서다.

표준 약관

건전한 거래 질서를 확립하고 불공정한 내용의 약관이 쓰이는 것을 방지하기 위해 공정거래위원회가 마련한 것으로, 표준적인 내용을 담은 약관이다.

13

빨리 돈 벌 수 있다는 말은 사기?

금융 사기

"45일에 50%, 90일에 100% 수익 보장!"

이탈리아 출신의 찰스 폰지(Charles Ponzi)가 1920년 미국 보스턴에서 고객을 모으며 제시했던 광고의 핵심 내용이다. 1년에 10% 수익도 올리기가 힘든데 45일 만에 50%를 벌게 해주겠다니 혹하지 않을 수 없는 매우 매력적인 광고였다.

그 결과, 투자자 4만 명이 쌈짓돈을 맡겼다. 놀랍게도 폰지는 약속을 지켰다. 그렇다면 그는 정말 투자의 귀재였을까?

알고 보니 폰지가 정말로 투자를 잘해서 수익을 낸 게 아니었다. 나중에 투자한 사람의 돈을 먼저 투자한 사람에게 수익이라며 내줬을 뿐이다. 쉽게 말하면, 이 사람이 맡긴 돈으로 저 사람에게 수익금을 주는 식의 돌려막기 수법이다. 당연히 사기다.

새로운 투자자가 계속 나타나 돈을 맡겼다면 이 사기가 지속됐겠지만, 허위 광고에 속는 사람을 계속 모으기란 불가능하다. 새로운 투자자가 줄어들면서 폰지는 약속한 수익을 돌려주지 못했고, 마침내 사기 행각은 막을 내렸다.

그가 이 수법으로 투자 사기를 벌인 최초의 인물이 아니지만, 사기 규모가 커서 이후부터 이런 방식의 사기를 그의 이름을 따 '폰지 사기'라고 부른다.

100년도 넘은 오래된 사기 수법인데, 놀랍게도 지금까지 여전히 사람들을 유혹한다. 돈을 많이 벌려는 사람들의 욕망은 지금도 여전하기 때문이다. 상식으로 통하지 않는, 높은 수익률을 당근처럼 흔들며 다가오는 사람이 있다면 믿지 말아야 한다.

메이도프(Bernard Madoff)도 사기꾼 가운데 한 명이었다. 1970년대 초부터 2008년까지 세계 136개국에서 4만 명을 상대로 폰지 사기를 펼쳤다. 피해액이 72조 원으로 역사상 최대 규모여서 최악의 사기꾼으로 꼽힌다. 구속된 그는 징역 150년 형을 선고받고 복역하다가 감옥에서 눈을 감았다.

사실 달콤한 이익률을 보면 이런 생각이 들지 않는가? '정말 높은 수익률이 가능하다면, 자기 돈으로 스스로 부자가 될 것이지, 왜 남의 돈을 애써 불려주겠다고 할까?'

돈 욕심이라곤 없는 부처가 될 자신이 없다면 믿기 어려울 만큼 좋은 수익률을 제시하는 것은 사기니 절대 믿지 마라!

💰 대출하려는 사람까지 노리다니

대출받으려는 사람의 급한 심정을 악용하는 대출 사기도 빈번하게 발생한다. 사기꾼들은 대출을 원하는 사람에게 금융회사 직원이라며 친절하게 접근한다. 낮은 금리로 대출해 주겠다든지, 신용점수를 높여주겠다든지 등 달콤한 말로 유혹한다. 단, 이런 작업을 진행하려면 약간의 비용이 든다는 핑계로 수수료(작업비)를 내게 한다.

범죄자들은 사람을 가리지 않는다. 오히려 약자의 절박함을 노린다. 새로 취업한 사람에게 월급을 입금할 통장과 신분증 등이 필요하다며 요구한 뒤 이를 이용해 몰래 대출받는 사기도 적발되고 있다.

금융 사기는 금융 거래에서 사람을 속이거나 착각하게 해서 불법적으로 이득을 취하는 모든 행위를 가리키는 말이다.

최근에는 금융시장이 디지털화하면서 디지털 금융 사기 수법도 발전하고 있다. 보이스피싱, 메신저피싱, 파밍, 스미싱, 큐싱 등 사기 행각은 나날이 교묘해지고 진화한다. 이처럼 통신기기를 매개체로 하는 사기를 전기통신 금융 사기라고 부른다.

금융 사기에 빠지지 않고 등장하는 용어가 하나 있다. '대포통장'이다. 원래 통장을 개설한 주인과 실제로 사용하는 사람이 같아야 한다. 그러나 대포통장은 주인과 사용자가 다른, 비정상적인 통장이다. 대포는 포탄을 쏘는 무기이기도 하지만, 허풍이나 거짓말이라는 뜻도 있다. 대포차, 대포폰도 이런 의미로 쓰인다.

돈이 급한 사람에게 접근해서 통장을 빌려주거나 명의를 빌려줘서 통장을 개설해 주면 수십만 원을 주겠다고 유혹한 뒤, 금융 사기로 갈취한 돈을 대포통장에 입금한다. 그러면 통장 명의자와 실제 사용자가 달라 경찰이 추적하기가 힘들다. 그래서 대포통장은 금융 범죄를 키우는 온상이다.

그래서 자신 명의의 통장을 남에게 빌려준 사람 역시 처벌받는다. 다른 사람에게 통장을 잠시라도 빌려주거나 돈을 받고 팔아서는 절대 안 된다. 불법 행위임을 명심하자.

14

금융 상품을 살 때 따져보라고?

금융 소비자 보호

금융회사는 판매하는 금융 상품을 직접 개발하므로 상품의 구조, 특성, 한계 등을 세세히 잘 알고 있다. 그러나 소비자는 그렇지 못하다. 그렇기에 금융 거래가 공정하게 이뤄지지 않을 가능성이 있다.

금융회사가 소비자에게 금융 상품에 대한 정보를 충실하게 전달한다고 해서 문제가 완전히 해결되지는 않는다. 비전문가인 금융 소비자는 금융 정보를 제대로 이해하는 데 어려움을 겪기 때문이다.

이에 정부는 금융 소비자의 피해를 예방하고 발생한 피해를 구제하기 위해 「금융 소비자 보호에 관한 법률」(약칭 금융 소비자 보호법, 또는 금소법)을 제정했다.

이 법에는 금융회사가 상품을 판매할 때 지켜야 할 6가지 원칙을 명시하고 있다.

- **적합성 원칙**

  금융 소비자의 투자 성향, 투자 경험, 재산 상황 등을 고려해 적합한 금융 상품만 권유해야 한다.

- **적정성 원칙**

  금융 소비자가 구매하려는 금융 상품이 해당 소비자에게 적정하지 않는 경우, 그 사실을 소비자에게 고지하고 확인할 의무가 있다.

- **설명 의무**

  금융 소비자가 알아야 할 금융 상품의 주요 내용을 반드시 설명하고, 소비자가 요청하는 경우 상품의 중요 사항을 설명해야 한다.

- **불공정 영업 행위 금지**

  대출받는 금융 소비자에게 다른 금융 상품에 가입하게 하거나, 부당하게 추가 담보를 요구하는 행위 등을 금지한다.

- **부당 권유 행위 금지**

  불확실한 사항을 단정적으로 판단하거나 금융 상품 내용을 사실과 다르게 알리는 등 금융 소비자가 상품을 오인할 수 있는 행위를 금지한다.

- **허위·과장 광고 금지**

  광고에 허위·과장 내용이나 금융 소비자가 오인할 내용을 금지하고, 투자 위험 등 중요한 사항을 반드시 포함한다.

💰 후회하면 철회할 수 있어

금융 상품도 가입 후 후회되거나 단순 변심을 근거로 가입을 취소할 수 있다. 이를 청약 철회권이라고 하는데, 금융 소비자가 지닌 권리다. 단, 물건에 환불 기간이 있듯이, 금융 상품별로 정해 놓은 기간 안에 철회를 요청해야 한다. 투자성 상품은 7일, 대출성 상품은 14일, 보장성 상품은 15일 이내다.

만약 금융회사가 금융 상품을 판매하는 과정에서 6대 판매 원칙을 어겼거나 소비자를 오인하게 했다면, 금융 소비자가 합리적 결정을 하지 못하도록 방해한 셈이므로 부당한 행위가 된다. 이를 불완전 판매●라고 말한다. 이 경우, 금융 소비자는 위법 계약 해지권을 행사할 수 있는데, 위반 사항을 안 날로부터 1년 이내에 계약 해지를 요구할 수 있다.

💰 이체 시간을 늦추는 방법

인터넷이나 모바일 등으로 돈을 이체하면 즉시 상대방 계좌에 돈이 입금된다. 그런데 잘못된 계좌번호를 입력해 엉뚱한 사람에게 돈을 보내는 실수를 저지르는 경우가 있다. 착오 송금이다. 이미 상대방 계좌로 돈이 입금된 터라 되돌리려면 복잡한 절차를 거쳐야 하고 시간도 걸린다.

보이스피싱 같은 사기에 속아 송금한 뒤 "아차!" 하고 뒤늦게 깨닫는 사례도 있다. 역시 돈이 이체된 후라 피해를 복구하기가 쉽지 않다.

따라서 정부는 지연 이체 서비스를 도입했다. 돈을 이체한 뒤 일정 시간이 지난 후에야 상대방 계좌에 돈이 입금되도록 이체 시간을 늦추는 서비스다. 이체 지연 시간은 최소 3시간부터 선택할 수 있고, 자신이 설정한 시간 내에 이체 주문을 취소할 수 있다.

금융 소비자로서 당연히 가져야 할 권리가 있다면, 그 권리에는 책임도 따르는 법이다. 금융 소비자 역시 금융시장의 한 축이므로 금융회사에만 모든 책임을 떠넘기는 태도는 옳지 못하다. 소비자에게는 금융 상품을 올바르게 선택하도록 노력할 의무가 있으며, 그 선택에 필요한 정보를 습득하고 이해하는 일도 소비자의 책무다.

그러려면 금융 지식과 금융 역량을 습득할 필요가 있다. 금융 소비자는 학교나 금융 교육 기관이 제공하는 금융 교육을 받거나, 혼자의 힘으로 금융을 공부해 합리적 금융 의사결정에 필요한 지식과 역량을 키우기 위해 노력해야 한다. 정부나 전문가에만 의존하지 말고, 자신의 권익은 기본적으로 자신이 지키는 것이다.

매주 적어도 한 시간씩은 금융 공부를 하자. 이 세상에서 가장 수익성 좋은 투자다.

디지털이면 다 가능한 세상

금융의 디지털화는 비용이 덜 들면서도 접근 가능성이 향상된 채널을 통해 금융 소비자에게 서비스를 제공해 준다. 그중 한 사례로 크라우드 펀딩(crowd funding)이 있다. 어떤 아이디어나 프로젝트를 추진하는 과정에서 자금이 부족한 사람이 인터넷에 그 내용을 공개하고 익명의 불특정 다수, 즉 군중(crowd)으로부터 자금을 모집하는 것이다. 창업 아이템은 있지만 자금이 없는 스타트업이나 벤처기업, 프로젝트를 진행해야 하는 문화예술인이 주로 크라우드 펀딩을 활용한다.

이전까지는 소비자가 매장에서 생산된 제품을 직접 눈으로 확인하고 사양이나 가격을 비교한 뒤 구매하는 게 상식이었다. 그런데 크라우드 펀딩은 이 상식을 뒤집었다. 제품에 대한 아이디어를 플랫폼에 제시하면 아이디어에 관심이 있는 사람들이 소액으로 동참한다. 아직 출시되지 않은 제품을 미리 구매하는 셈이다. 일종의 선주문 후 생산 방식이다.

제품이 출시되면 펀딩 참여자들은 핵심 지지자가 되고 팬덤을 형성하는 긍정적인 효과가 있다. 그만큼 기획자가 성공할 가능성이 높아진다. ○○볶음면 시리즈인 '○○떡볶이', 애니메이션 영화 '○○이름은' 등이 성공을 거둔 크라우드 펀딩 사례로 꼽힌다.

물론 모든 크라우드 펀딩이 성공하거나 좋게만 끝나지는 않는다. 펀딩으로 자금을 모은 후 오랜 기간이 지나고도 제품을 출시하지 않거나, 생산한 제품의 질이 애초 기대에 미치지 못하는 등 사람들의 신뢰를 악용하는 사례도 발생한다.

크라우드 펀딩에 참여하는 주 연령층의 비율은 물건을 보고 구매하는 데 익숙한 기성세대보다는 MZ 세대가 월등히 높다.

"눈 뜨고 코 베이는 세상인데, 만들어지지도 않은 물건을 어떻게 믿어?"라고 생각하는 기성세대와는 달리, MZ 세대는 가치 소비를 중시한다. 기성 기업에서 생산한 제품에 비해 질이 다소 낮을 순 있지만, 기획자의 가치와 성장 스토리를 함께하며 응원을 보낸다. 이렇듯 생산 과정부터 소비까지 모두 함께하고 싶어 한다.

대출도 온라인으로

기존에는 대출받으려면 당연히 은행을 찾아야 했다. 그러나 금융의 디지털화는 이러한 대출 관행에서 벗어나, 자금 공급자와 수요자가 온라인으로 연결된 플랫폼을 통해 직접 자금을 주고받을 수 있게 한다. 이를 P2P(Peer-to-Peer) 대출이라고 한다.

돈을 빌리려는 차입자는 자신의 정보를 P2P 플랫폼에 공개한다. 그러면 자금 공급자(투자자)가 차입자의 사업 전망, 담보 능력 같은 정보를 평가해 대출할지 말지 결정을 내린다. 기존에는 은행이 담당했던 차입자의 상환 능력 평가를 P2P에서는 투자자가 직접 하는 것이다. 플랫폼은 대출 서비스를 중개한 대가로 양측에서 수수료를 받는다.

많은 인건비나 운영비가 필요한 전통적인 은행과 달리, P2P 대출은 온라인을 통해 이뤄지므로 비용이 적게 든다. 따라서 차입자는 은행에서 대출받을 때보다 낮은 금리로 자금을 조달할 수 있고, 투자자는 은행 예금보다 높은 수익률을 얻을 수 있다는 장점이 있다.

단점도 분명히 있다. 우선, 원금 보장이 되지 않는다. 차입자가 상환 의무를 이행하지 않을 때 대출을 중개해 준 플랫폼이 책임지지 않기에 발생하는 손실은 투자자에게 귀속된다. 매우 위험한 대출 상품에 투자하는 셈이다.

2장

돈 잘 벌고 잘 쓰려면?

한 푼 아낀 것은 한 푼 번 것이나 마찬가지다.
작은 비용을 삼가라. 작은 구멍이 큰 배를 가라앉힌다.
— 벤저민 프랭클린(Benjamin Franklin)

부자가 되려면 이것부터!

수입과 소득

물과 돈 사이에는 비슷한 점이 많다. 돈과 물의 공통점에 착안해 경제학자들이 즐겨 인용하는 비유가 있다.

호수가 있는데, 계곡에서 물이 흘러 들어와서 다른 편으로 물이 빠져나간다. 호수에 고여 있는 물과 흐르는 물 사이에는 밀접한 관계가 있다. 흘러 들어오는 물이 빠져나가는 물보다 많으면 호수의 고인 물의 양이 많아진다. 비가 오는 경우에 그렇다. 반대로 흘러 들어오는 물보다 빠져나가는 물이 많으면 호수의 물이 줄어든다. 가뭄이 덮친 시기라 할 수 있다.

가뭄이 극심해도 모든 호수가 동시에 바닥을 드러내지는 않는다. 평소에 많은 물이 고여 있는 호수라면 빠져나가는 물이 많아도 비교적 오래 농부에게 용수를 공급할 것이다.

물처럼 흐르는 돈

돈도 그렇다. 주머니로 흘러 들어오는 돈을 수입이라고 한다. 사람들은 보통 수입과 소득을 구분하지 않고 같은 뜻으로 사용한다. 그러나 정확히 따지자면, 수입이 소득보다 넓은 개념이다. 진수가 통장에서 찾은 돈이나 심지어 은행에서 빌린 돈도 진수의 지갑으로 들어오므로 수입으로 잡힌다. 그러나 이 돈은 일해서 번 소득이 아니다. 일반적으로는 소득이 수입의 대부분을 차지한다.

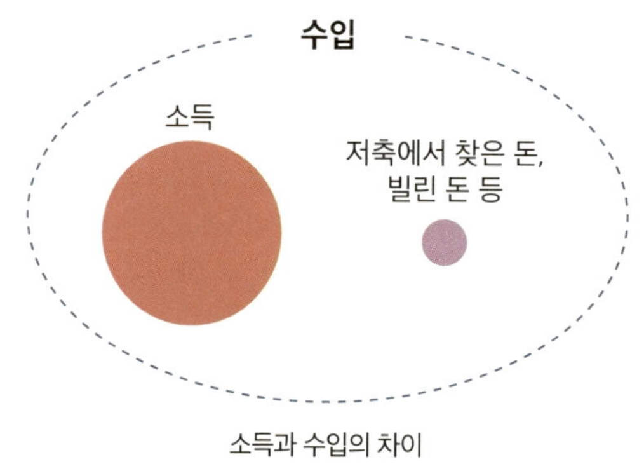

소득과 수입의 차이

주머니에 들어오는 소득이 있다면, 주머니에서 빠져나가는 소비도 있다. 흘러 들어오는 소득이 빠져나가는 소비보다 많으면 돈이 주머니에 고인다. 고인 돈이 그 사람의 자산 또는 부로 축적되며, 자산이 많은 사람을 부자라고 부른다.

사람들은 대부분 평생 버는 소득이 족히 10억 원은 넘는다. 그런데 부자가 되는 사람은 많지 않다. 왜 그럴까? 번 돈을 거의 다 써버리기 때문이다. 따라서 중요한 건 얼마나 버느냐가 아니다. 얼마나 보유하고 있느냐다.

소득이 소비보다 많다면 자산이 불어난다. 반대로 소비가 소득보다 많다면 자산이 줄어들거나 심하면 빚(부채)을 진다. 아무리 많이 벌더라도 더 많이 쓴다면 돈이 모일 수 없다. 반대로 소득이 적더라도 쓰는 돈이 적다면 자산을 모을 수 있다. 결국 들어오는 돈과 나가는 돈의 차이가 중요하다.

자산, 즉 고인 돈이 많다면 일시적으로 소득이 사라져 가뭄이 닥치더라도 경제적 어려움을 거뜬히 버틸 수 있다. 반대로 자산이 없는 사람은 약간만 소득이 모자라도 불안정한 생활을 피하기 어렵다.

어떻게 돈을 벌까?

소득의 원천

돈 관리는 돈 버는 일에서 출발한다. 돈을 벌려면 경제적으로 생산적인 일을 해야 한다. 집 앞마당을 삽으로 하루 종일 뒤집어봤자 돈을 벌지는 못한다.

고대 그리스에서는 극악무도한 죄수에게 두 개의 물통에 물을 번갈아 옮겨 담게 하는 형벌을 내렸다. 이 형벌이 지나치게 단순해서 죄수에게 어울리지 않는다고 생각하는가? 실제로 무의미하고 가치 없는 일이어서 가장 고통스럽고 가혹스러운 처벌이었다고 전해진다.

💰 근로소득과 재산소득

사람들이 일하는 가장 보편적인 방법은 회사에 노동을 공급하는 것이다. 이를 근로소득이라고 한다. 근로소득은 사람들이 버는 소득에서 가장 큰 비중을 차지한다.

또 여유 자금을 가지고 예금을 하거나 채권에 투자하고 그 이자를 받는 경우도 있다. 주식 투자를 해서 돈을 벌기도 한다. 부모로부터 물려받은 작은 건물을 소유하고 있는 사람은 장사하는 사람에게 공간을 빌려주고 임대료를 받기도 한다.

이들의 공통점은 예금, 채권, 주식, 부동산 등 보유 재산을 이용해 소득을 번다는 점이다. 재산에서 발생하는 소득이므로 재산소득이라고 한다.

💰 사업소득과 이전소득?

기업가는 다른 사람이 공급하는 노동, 자본, 토지를 적절히 활용해 재화나 서비스를 생산해 판다. 판매 대금으로 받은 돈이 모두 기업가의 몫은 아니다. 대부분은 노동, 자본, 토지를 공급한 사람들에게 근로소득이나 재산소득의 명목으로 지급한다.

만약 기업가가 들어간 비용을 초과해서 수입을 번다면, 그 초과분이 이윤이다. 이윤은 기업가가 경영(기업가 정신)이라는 자신의 생산 요소를 활용해 기업을 잘 운영한 대가로 받는 것이다. 이것을 사업소득이라고 부른다.

사업소득은 근로소득이나 재산소득과는 성격이 다르다. 근로소득이나 재산소득은 대개 사전에 확정돼 있다. 물론 성과급과 같이 변동은 있을 수 있지만, 그 폭이 작다. 그래서 자신의 소득이 얼마가 될지 예측하기 쉽고, 소득을 관리할 계획도 수립하기 쉽다.

그렇지만 사업소득, 즉 이윤의 크기는 결산해 보기 전까지는 알

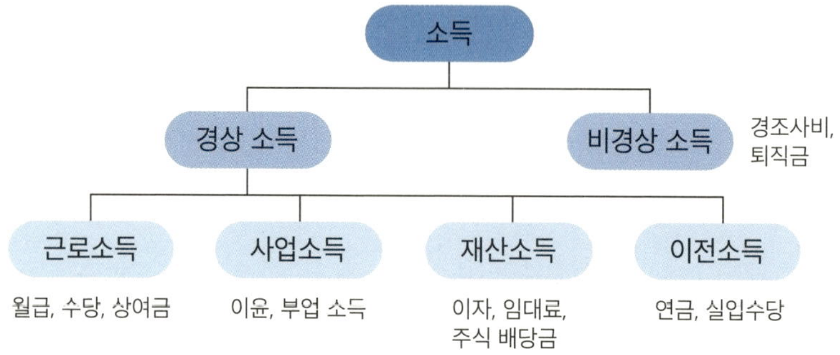

소득의 종류

수 없다. 경기가 좋아 회사 영업이 호조를 보였다면 이윤이 많이 남겠지만, 반대로 경영을 제대로 하지 못하면 이윤이 거의 없거나 마이너스, 즉 손실을 볼 수 있다.

불확실한 사업 세계에서 기업을 경영하는 사람은 의사결정을 잘못할 위험이 있으며 그 위험을 감수해야 한다. 위험을 감수한 대가는 미래에 발생하므로 불확실하다. 이처럼 위험한 의사결정과 사업을 하는 사람이 기업가이며, 이윤은 기업가가 위험을 감수한 데 대한 대가인 셈이다.

이전소득이란 것도 있다. 이전소득은 생산요소를 제공한 대가로 받는 소득이 아니다. 때로는 생산요소를 전혀 갖고 있지 못한 사람이나 그럴 형편이 아닌 사람도 있다. 그렇게 소득을 벌기 어려운 사람들에게 정부가 무상으로 주는 생활 보조금, 국민연금, 실업수당 등을 말한다.

근로소득, 재산소득, 사업소득, 이전소득은 대개 정기적으로 반복
해서 발생한다. 이를 경상 소득이라고 한다. 그런데 퇴직금, 축의금,
복권 당첨금 등은 해당 사건이 있을 때만 일시적으로 발생한다. 이런
소득은 비경상 소득이다.

어떻게 돈을 많이 벌까?

인적 자본과 희소성

동창회에 참석한 진수는 친구들의 소득이 천차만별이라 놀랐다. 연봉이 몇천만 원인 동창생부터 수십억 원대를 버는 친구까지, 도대체 돈을 많이 버는 사람은 뭐가 다를까? 어떻게 하면 돈을 더 많이 벌 수 있을까?

소득을 결정하는 핵심 요인은 인적 자본이다. 인적 자본은 사람이 보유한 지식, 능력, 기술, 경험 등을 포괄한 개념이다. 농사를 짓거나 공장에서 일하는 게 주된 소득이었던 과거에는 건강한 신체에서 나오는 노동이 중요한 인적 자본이었다. 지식과 기술 사회가 된 현대 경제에서는 노동도 여전히 중요하지만, 지식이나 기술의 중요성이 커졌다. 이러한 변화를 반영하는 개념이 인적 자본이다.

인적 자본이 풍부하고 질이 좋은 사람일수록 소득 수준이 높아진다. 축구 선수 손흥민, 영화배우 톰 크루즈, 아이돌 가수 BTS 등은 다른 사람들과 차별화된 인적 자본을 보유하고 있다. 그래서 그들은 평범한 사람들이 넘볼 수 없을 만큼 천문학적인 금액의 소득을 번다.

인적 자본은 근로자의 생산성에도 영향을 미친다. 생산성이 높은 근로자는 그렇지 않은 근로자보다 더 많은 소득을 번다. 남들이 생각하지 못하는 번뜩이는 아이디어로 소득을 많이 버는 사람도 있다.

🪙 대체 불가능한 사람이 되자

이는 희소성과도 연결되어 있다. 손흥민의 인적 자본 수준이 높더라도 많은 사람이 비슷한 수준의 인적 자본을 갖고 있다면 그의 연봉이 지금처럼 높지는 않을 것이다. 사실 축구 팬들이 원하는 만큼 양질의 인적 자본을 공급하는 축구 선수가 드물다. 즉, 손흥민 같은 선수가 희소한 것이다.

자원이 희소할수록 값이 비싸지는 게 기본 경제 원리다. 다이아몬드가 금보다 비싼 이유는 다이아몬드가 금보다 상대적으로 희소하기 때문이다. 소득을 많이 버는 방법은 의외로 단순하다. 사회가 원하지만 아무나 공급하지 못하는 희소한 인적 자본을 습득·보유하는 것이다. 인기 가수, 유명 유튜버, 심지어 먹방 스타의 소득이 상상을 초월하는 이유가 여기에 있다.

프로야구 선수는 경찰보다 몇십에서 몇백 배 많은 소득을 얻는다. 경찰은 목숨을 걸고 범인을 잡거나 시민의 목숨과 재산을 지켜주는데 프로야구 선수에 비하면 상당히 적은 소득을 받는다. 이는 공평할까? 그런데 사회문제에 이의를 제기하고 개선해야 한다고 울부짖는 사람들도 이에 대해서는 별다른 문제를 제기하지 않는다. 왜 그럴까? 프로야구 선수가 더 많은 소득을 버는 이유는 시속 150킬로미터로 100개에 가까운 공을 정확하게 던질 수 있는 사람이 훨씬 더 희소하기 때문이다.

💰 소득을 높이는 평범한 비결

인적 자본은 태어나면서부터 주어지거나 고정되어 있지 않다. 각자 노력을 통해 습득할 수 있는 자본이다. 다른 사람들과 차별되는 인적 자본을 구축하는 데 학창 시절의 공부가 유일한 방법은 아니지만, 분명히 중요한 밑거름이 된다. 학력 차별이나 학벌 중심주의는 개선할 문제지만, 일반적으로 고등학교 졸업자보다 대학교 졸업자의 소득 수준이 더 높은 것은 부인할 수 없다. 지식, 능력, 기술이 받은 교육에 비례해 풍부해진다고 인정하기 때문이다.

공부하는 데 쓰는 돈을 소비로 보지 않고 투자로 여기는 이유가 이 때문이다. 공부에 들어가는 비용은 인적 자본을 차곡차곡 축적하기 위한 장기적인 투자비다. 투자 단계에서 준비를 철저하게 잘한 학생일수록 인적 자본을 구축해 남들과 같은 시간을 일해도 소득을 더 많이 창출한다.

물론 학력과 무관하게 소득이 많은 사람도 있으며, 남들이 꺼리는 직업을 가져서 돈을 많이 버는 사람도 있다. 이들에게는 공통점이 있다. 자신이 좋아하고 적성에 맞는 일을 한다는 점이다. 같은 일을 반복하며 풍부한 경험과 전문성을 구비하고 있다는 것도 공통점이다.

돈이 돈을 벌게 하라고?

패시브 소득

지금보다 소득이 늘어나기를 꿈꾸지 않는 사람은 없을 것이다. 다만 이 목표를 달성하려고 접근하는 방법에는 사람마다 차이가 있다.

진수는 지금의 직업을 유지하며 인적 자본을 키워 소득을 늘리려 노력한다. 새벽에 외국어를 배우고 자격증을 습득해 생산성을 키우고 성과급을 많이 받거나 연봉을 높이려 애쓴다. 이는 기본적으로 많은 사람이 실천하는 방법이다.

진수의 동창생 중에는 마음을 독하게 먹고 본업 외에 부업을 가져 소득을 늘리는 친구가 있다. 투잡에서 더 나아가 스리잡까지 하는 사람도 있다. 주위를 보면 투잡에 나선 사람이 생각보다 많다.

투잡에는 몇 가지 현실적 어려움이 따른다. 같은 시간에 두 가지 노동을 동시에 할 수 없다는 물리적 제한이 있다. 하루 24시간 동안 두 가지 노동을 하려면 부득이 휴식이나 잠자는 시간을 줄여야 한다. 피로가 누적되고 건강에도 적신호가 켜진다. "몸이 두 개라면 좋겠다"라는 말이 저절로 나온다. 그래서 투잡을 오래 유지하기가 현실적으로 힘들다.

직업에 따라서는 투잡이 불법이 되기도 한다. 친구나 가족과 보내는 시간이 줄어 대인관계가 멀어지고 직장 상사의 눈치도 보인다. 여가 시간은 차라리 사치에 가깝다. 그렇다면 더 좋은 방법이 없을까?

💰 별도의 시간이 필요 없는 소득

본업을 중심으로 하되, 많은 시간이나 육체적 노동이 날마다 들어갈 필요 없는 부업을 가지면 된다. 과연 그런 부업이 있을까?

앞에서 말했듯, 소득에는 근로소득 말고 재산소득도 있다. 이자, 배당금, 임대료 등이 재산소득이다. 그러니까 소득을 늘리는 좋은 방법은 근로소득만으로 구성된 투잡이 아니라, 진수처럼 근로소득과 재산소득을 결합해 투잡을 뛰는 거다. 여기엔 여러 장점이 있다.

돈을 벌기 위해 별도로 자신의 시간을 쓰지 않아도 된다. 은행에 돈을 맡기면, 시간에 비례해 이자가 알아서 불어난다. 학교에서 공부하는 시간에도, 음악을 들으며 휴식을 취할 때도, 심지어 편히 잠자는 시간에도 이자가 계속 쌓인다. 평소에 재산소득과 관련해 크게 신경 쓰지 않아도 된다. 몸을 움직일 필요도, 잠자는 시간을 줄일 필요도 없다.

만약 은행 예금이 여러 개라면 동시에 여러 곳의 이자가 쌓인다. 만기가 됐을 때 어디에 얼마나 예금할 건지 결정하는 정도만 신경 쓰면 된다.

재산소득은 지속 가능하다는 장점도 있다. 직장 상사의 눈치도 볼 필요가 없다. 정년이나 은퇴도 없다. 쌓이는 재산소득에 자존감이 충만해지고 사회생활이 행복해진다.

재산소득에는 저축을 통한 이자 수입만 있는 게 아니다. 주식에 투자해도 재산소득을 벌 기회가 생긴다. 특정 회사의 주식에 투자하는 순간부터 그 회사의 근로자들은 나를 위해 일하는 셈이다. 세계적인 회사의 근로자들이 나를 위해 일한다니, 놀랍고도 기쁘지 않은가? 회사가 성장하면 주가가 올라 재산소득이 생긴다. 힘들게 노동을 제공하지 않아도 된다. 시간이 가기를 기다리기만 하면 된다.

이뿐 아니라 '갓물주'라는 말이 있듯이, 건물주가 되어 임대료라는 재산소득을 얻는 방법도 있다.

수동적 소득이란

국어사전에 따르면 재산소득처럼 직접 일을 하지 않고 얻는 소득을 불로소득이라고 정의한다. 그렇지만 재산소득을 벌기 위해 노동이나 노력이 전혀 들어가지 않는 것은 아니며, 불로소득이라는 용어가 사람들에게 호감을 주지 않는다는 점에서 영어권에서는 패시브(passive) 소득, 즉 수동적 소득이라 부른다.

이자, 임대료, 배당금 같은 재산소득이 수동적 소득에 해당한다. 여행자에게 집을 빌려주고 받는 수입, 온라인 콘텐츠나 유튜브를 통해 올리는 소득, 작가나 음악가의 로열티 등도 이에 속한다. 실제로 코로나 대유행 이후로 수동적 소득을 창출하는 창의적인 방법이 속

속 등장했다.

패시브 소득도 초기엔 어느 정도 노력이 필요하다. 이후 소득을 유지하기 위해 애써 노력하지 않아도 지속해서 벌 수 있다.

💰 고통 없이는 얻는 것도 없다

"돈은 절대 잠들지 않는다(Money never sleeps.)."

미국에서 제작된 영화 제목이기도 한 이 유명한 말은 돈의 특성을 잘 대변한다. 돈은 하루 24시간, 1년 365일 내내, 주말이나 공휴일도 없이 묵묵히 주인을 위해 일한다. 불평조차 하지 않는다.

따라서 이렇게 충실한 돈을 내 편으로 만들어야 한다. 돈의 주인이 돼서 돈이 돈을 벌게 시켜야 한다. 재산소득이나 수동적 소득을 벌어야 한다는 말이다. 여러 종류의 수동적 소득을 번다면 스리잡, 포잡도 충분히 가능하다. 해외에 투자한 사람은 국내뿐 아니라 세계 각국에서 동시에 소득을 벌어들일 수 있다. 꿈같은 일이 아닌가?

물론 처음부터 재산소득이 가능하지는 않을 것이다. 재산소득을 얻어 달콤한 결과를 누리기까지는 목돈을 모으는 다소 힘겨운 기간을 거쳐야 한다. 돈 쓰는 재미를 포기하고 돈을 아껴야 하지만, 대신 돈 모으는 재미와 종잣돈을 얻을 것이다. 결국 돈 쓰는 재미와 돈 모으는 재미의 힘겨루기다.

이 과정을 성공리에 마친 사람은 돈 쓰는 재미와 돈 모으는 재미를 동시에 얻는 단계에 진입한다. 생활이 여유로워지며 돈이 스스로 몸집을 불리는 돈의 꽃길이 펼쳐진다.

"잠자는 동안에 돈이 들어오는 방법을 찾지 못한다면, 당신은 죽을 때까지 일을 해야 할 것이다."

세계적인 투자자 워런 버핏(Warren Buffett)의 말이다. 명심할 만한 가치가 있다.

똑같이 돈을 쓴 게 아냐?

지출과 소비

소득과 수입은 다르듯이 소비와 지출도 다르다. 사람들은 보통 소비와 지출을 구분하지 않고 사용하는데, 엄밀히 말하면 잘못이다. 소비와 지출엔 어떤 차이가 있을까?

지출은 소비보다 넓은 개념이다. 진수의 주머니에서 나가는 돈은 모두 지출이다. 따라서 소비는 지출에 속한다. 그러나 지출이 반드시 소비는 아니다. 소비 목적이 아니더라도 빠져나가는 돈이 있기 때문이다. 진수가 내는 세금, 사회보험료, 대출 이자 등은 지출이지만, 효용을 얻으려고 쓰는 소비는 아니다. 이를 비소비 지출이라고 한다. 또 저축하거나 투자하기 위해 사용하는 돈도 지출에 속한다.

다시 말해 지출은 소비 목적의 지출, 소비가 아닌 목적의 비소비 지출, 저축이나 투자 관련 지출로 나눌 수 있다. 전체 지출에서 소비

소비와 지출의 차이

가 차지하는 비중이 크므로 사람들은 소비와 지출을 구분하지 않고 쓰는 경향이 있다.

💰 주는 금액과 받는 금액이 다른 이유

주는 돈과 받는 돈의 금액이 같은 게 정상이다. 식사 후 손님이 음식 값 1만 원을 냈는데, 주인이 받는 돈이 1만 원이 아니라면 말이 안 된다. 그런데 주는 금액과 받는 금액이 다를 때가 있다. 사람들이 일하고 받는 소득에서 벌어지는 현상이다. 월급날 회사가 진수에게 주는 금액과 진수가 실제로 손에 쥐는 금액은 차이가 난다. 이런 기이한 현상을 초래하는 주범은 세금이다. 정부가 중간에서 세금으로 가져가기 때문이다.

근로소득에는 근로소득세가 부과된다. 모든 근로자가 근로소득세를 내므로, 회사는 근로자가 내야 할 세금을 먼저 빼고 나머지를 근로자 통장에 입금해 준다. 회사는 근로자들의 세금을 모아 국세청에 일괄적으로 납부한다.

이처럼 회사가 국가를 대신해 세금을 징수하고 국가에 납부하는 제도를 원천 징수라고 한다. 근로자는 개별적으로 국세청에 납부하는 것보다 편리하고, 국가 역시 국민 개개인으로부터 일일이 세금을 받는 것보다 회사를 통해 한꺼번에 받는 게 효율적이다.

이자소득도 원천 징수 대상이다. 저축에서 발생한 이자에 대해서 은행이 이자소득세를 먼저 원천 징수하고 나머지 이자만 예금주에게 지급해 준다.

회사가 근로자에게 월급을 지급할 때 제외하는 돈이 또 있다. 역시 국민의 의무인 국민연금 보험료, 국민건강보험 보험료도 회사가 미리 빼서 정부에 납부한다. 그러니 근로자가 손에 쥐는 소득액이 회사가 지급하는 소득액에 비해 현저히 줄어든다.

근로자 통장에 입금된 소득은 근로자가 마음대로 처분할 수 있는 처분 가능 소득이 된다. 가처분 소득이라 부르기도 한다. 소비하거나 저축하는 데 임의로 배분해 사용할 수 있다.

사회보장금이나 연금처럼 정부가 주는 이전소득을 받는 사람은 그만큼 처분 가능 소득이 증가한다.

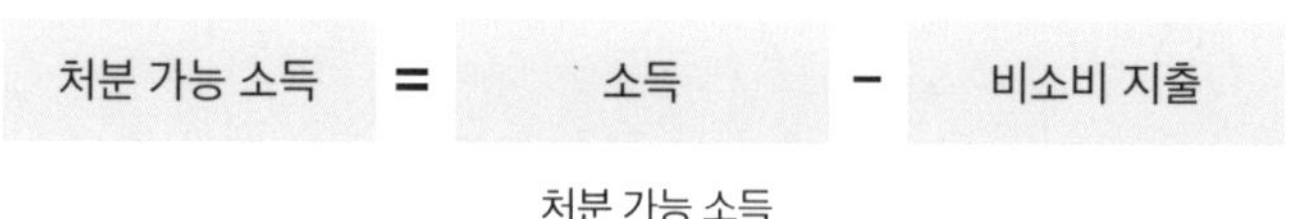

처분 가능 소득

왜 세금을 많이 내는 것 같지?

누진세

너무 뻔한 말이지만, 경제적인 여유에 중요한 것은 소득보다는 처분 가능 소득이다. 다시 말하면 세금을 얼마나 내느냐가 중요하다.

문명사회에 사는 대가로 세금을 내긴 하지만, 세금을 많이 내는 걸 달가워할 사람은 없다. 세금이 개인의 재산권을 침해한다고 주장하는 사람도 있을 정도다.

"국가를 위해 잔 다르크는 될지언정, 세금은 싫다."

과거 프랑스 정부가 지나치게 많은 세금을 거둔 데서 생긴 말이다.

사람들은 세금을 얼마나 걷어야 적절한지와 관련해서 끊임없이 논쟁을 펼쳐왔다. 많은 사람으로부터 조금씩 나눠 걷자는 의견과 부자에게서 세금을 많이 걷자는 의견을 놓고도 말이 많다.

💰 세금 징수에도 원칙이 있어

어떤 방법을 사용하든, 세금 납부 전의 소득과 납부 후의 소득● 서열이 바뀌면 안 된다는 원칙은 지켜져야 한다. 이를테면 세금을 내기 전에는 A보다 B의 소득이 많았는데, 세금 납부 후에 역전되면 안 된다는 말이다. 그렇다면 누가 보더라도 불공정한 세금이다.

이러한 원칙을 유지하면서 세금을 징수하는 간편한 방법은 소득 수준에 관계 없이 일정 비율의 세율을 적용하는 것이다. 예를 들어, 소득에 관계없이 모든 사람에게 소득세율 10%를 적용하는 경우, 이를 비례세라고 부른다. 비례세를 적용해도 소득이 적은 사람보다는 소득이 많은 사람이 세금을 많이 낸다. 그리고 세후 소득 역시 여전히 많다.

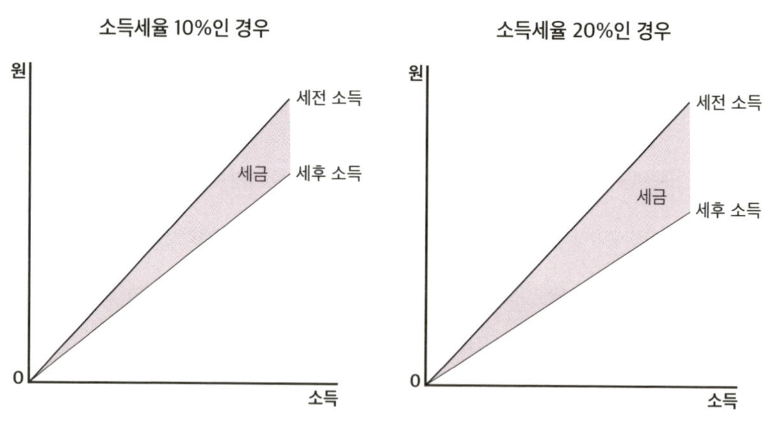

비례세와 세후 소득

💰 많이 버는 사람이 좀 더 내는 구조

정부가 세금을 거두는 목적은 나라 살림살이에 필요한 자금을 조달하려는 것이다. 세금의 가장 기본적인 역할이다. 현대 정부는 세금이 또 다른 기능도 해주기를 기대한다. 즉, 세금을 통해 세후 소득의 격차를 줄이는 것이다. 소득이 많은 사람에게 상대적으로 세금을 훨씬 더 걷어 세후 소득의 차이를 좁히는 소득 재분배● 기능이다.

소득 재분배 효과를 더 강화하는 게 누진세다. 소득이 늘어날수록 세금을 '훨씬(체증적으로)' 많이 내도록 하는 세금 체제다. 우리나라도 누진세를 채택하고 있다. 예를 들면 소득이 비교적 적은 사람은 소득의 6%를, 소득이 이보다 좀 더 많은 사람은 15%를 내는 식이다. 소득에 따라 세율이 높아지다가 연 10억 원이 넘는 소득에 대한 세율은 45%까지 오른다.

이때 앞에서 말한 원칙이 다시 떠오른다. 고소득자의 세율이 높으므로, 혹시 세금을 내고 나면 세후 소득이 역전되는 것 아닐까?

누진세를 단순히 적용하면 세후 소득이 역전된다. 가령 소득이 1,400만 원인 A는 소득의 6%를 세금으로 낸다. 소득이 1,500만 원인 B는 15%를 세금으로 낸다. 세금을 내고 나면 A의 세후 소득은 1,316(=1,400×0.94)만 원으로, B의 세후 소득 1,275(=1,500×0.85)만 원보다 많아진다. 세금 납부 후에 소득이 역전되는 것이다. 이런 상황이라면 누가 열심히 일해서 소득을 늘리려 하겠는가?

이런 현상을 막기 위해 각국은 '초과 누진세율'을 적용한다. B의 소득 전체에 대해

15%의 높은 세율을 적용하는 대신, 1,400만 원을 초과하는 소득액에 대해서만 15%의 세율을 적용하는 방식이다. 즉, 소득 1,400만 원까지는 6%의 세금을 내고, 그 나머지 100만 원은 15%의 세율을 적용하는 것이다.

이런 식으로 계산하면 B가 내는 세금은 99만 원이고, 세후 소득은 1,401만 원이 된다. A보다 세금을 더 많이 내면서도 세후 소득도 많다. 초과 누진세를 적용하면 계산이 복잡해지는 문제가 있지만, 세금으로 소득이 역전되는 일을 막을 수 있다.

이 모든 걸 회사가 알아서 계산해서 원천 징수하니, 사실 근로자가 세금을 직접 계산할 필요는 없다. 세금이 많다고 불평만 하지 말고, 자신이 내는 세금과 받는 세후 소득이 어떻게 정해지는지를 알면 도움이 될 것이다.

어떤 카드로 계산할까?

지불 수단

　물건을 구매하고 그 대가로 지불하는 수단에는 현금이 있다. 늘 현금을 소지한다면 얼마나 거래해야 할지 모르므로 현금을 넉넉히 지녀야 한다. 그러면 지갑이 두툼해져서 들고 다니기가 불편하다.

　그래서 현금 말고 새 지불 수단이 등장했다. 신용카드가 대표 주자다. 백화점에서 물건 살 때뿐 아니라, 버스나 지하철을 이용할 때도 신용카드를 기계에 대기만 하면 된다. 동네를 산책하다 편의점에서 물 한 병을 살 때도 신용카드로 결제할 수 있다. 이렇게 편리할 뿐 아니라, 한 달 정도는 돈을 갚지 않아도 된다. 선구매 후결제이니까.

　해외여행에서도 신용카드를 쓸 수 있다. 여행을 마치고 돌아온 후 원화로 결제하면 그만이다. 인터넷 쇼핑에서도 결제 수단으로 요긴하다. 신용카드사의 판촉 활동을 잘 이용하면 물건을 몇 달 동안 무

이자 할부로 구매할 수도 있다. 편리함이 무궁무진하다. 마치 무한한 힘을 지닌 마법의 도구 같다.

꿩 먹고 알 먹고 아닌가. 1년에 한 번 부과되는 연회비쯤이야 하며 편익이 비용보다 충분히 크다고 확신하는 소비자들은 물건을 사며 지불 수단으로 신용카드를 내민다.

💰 돈이 있어야 쓸 수 있는 카드

그런데 신용카드는 참으로 이상한 물건이다. 현금으로 물건을 살 때보다 신용카드로 살 때 돈을 더 많이 쓰게 된다. 현금으로 사려면 엄두도 못 낼 물건을 신용카드로는 과감히 구매한다. 기분 내려고, 남들에게 멋지게 보이려고, 새 물건을 가지면 신나서, 기분 전환을 위해서, 작은 사치를 누리려고 등등 별별 이유를 붙인다.

이처럼 신용카드 때문에 소비 성향이 높아지고 결제 대금을 상환하지 못해 어려움을 겪는 사람들이 많아지면서 신용카드 장점은 유지하면서 단점을 보완할 수 있는 체크카드가 등장했다.

체크카드는 신용카드와 달리, 결제하는 즉시 계좌에서 돈이 빠져나간다. 다시 말하면 계좌에 돈이 있어야 결제되므로 대금을 상환하지 못하는 일이 애초부터 발생하지 않는다. 계좌의 돈이 10만 원인데 15만 원짜리 물건을 사려고 하면 결제가 되지 않는다.

따라서 평소 충동구매나 과소비 우려가 있는 사람은 신용카드 대신 체크카드를 사용하는 게 좋다. 당연히 체크카드로는 할부 구매를 하지 못한다. 신용카드사에서 체크카드를 발급하기도 하지만, 보통은 계좌를 개설한 은행에서 체크카드를 발급한다.

💰 체크카드나 직불카드나 그게 그거 아냐?

이외에도 다른 카드가 있다. 먼저 직불카드는 체크카드처럼 사용하는 즉시 자신의 계좌에서 돈이 인출된다. 은행 계좌에 돈이 없으면 물건을 구매할 수 없으므로 충동구매를 방지할 수 있다. 또 전국의 모든 현금 인출기에서 돈을 뽑을 수 있으며, 소득이 없더라도 은행에 예금계좌를 가지고 있는 사람이면 누구나 발급받을 수 있다. 단, 직불카드를 사용할 수 있는 가맹점의 수가 많지 않아 체크카드보다 사용이 불편하다.

선불카드는 돈을 미리 내고 카드에 충전한 후 사용하는 카드다. 버스, 지하철, 택시를 탈 때 사용하는 교통 카드, 백화점에서 물건을 구매할 때 쓰는 백화점 카드(상품권), 전화 카드 등이 선불카드에 해당한다.

신용카드	체크카드
• 당장 돈이 없어도 물건을 살 수 있다. • 고액의 물건도 할부로 살 수 있다. • 해외에서 사용할 수 있다. • 제때 대금을 내면, 신용 관리에 도움 된다. • 연말 정산 때 소득 공제가 가능하다.	• 충동구매와 과소비를 예방할 수 있다. • 결제일을 넘겨 이자를 부담할 일이 없다. • 대금을 갚지 못하는 일을 예방한다. • 연회비가 없고 발급 조건이 비교적 간단하다. • 연말 정산 때 소득 공제가 가능하다.

신용카드와 체크카드의 장점 비교

💰 전자화폐의 등장

효율성을 추구하는 사람들은 끊임없이 새로운 지불 수단을 만들어낸다. 그중 하나가 전자화폐다.

최초의 전자화폐는 1992년 덴마크에서 시작됐다. 전화 요금, 주차 요금, 기차 요금, 가판대 신문 구입 대금 등을 지불할 수 있도록 개발된 것으로, 유럽 여러 나라로 점차 확대됐다. 영국은 몬덱스라는 전자화폐를 개발했는데, 상점에서 사용할 수 있을 뿐 아니라 개인끼리도 주고받을 수 있도록 진일보했다.

네트워크형 전자화폐도 모습을 드러냈다. 신용카드처럼 플라스틱 카드에 칩을 내장해 사용하는 전자화폐에서 한 단계 더 나아가 온라인으로 화폐 가치를 내려받아 저장한 후 온라인으로 지급할 수 있는 방식이다. 편리함에서는 탁월하지만, 아직은 네트워크의 안전성 문제가 대중화의 걸림돌이 되고 있다.

적자 인생이 되지 않으려면?

예산 관리와 재무 설계

회사는 경영 활동에서 발생한 모든 거래를 장부에 기록한다. 그리고 월말과 연말에 장부를 바탕으로 경영 실적을 분석하고 반성한다. 국가 역시 매년 예산을 세우고 한 해를 마무리하면서 결산한다. 회사나 국가가 번거롭고 귀찮은 작업을 반복해서 하는 이유는, 이 과정을 거치면 더 나은 성과를 이룰 수 있기 때문이다.

그렇다면 이 작업을 개인도 해볼 필요가 있지 않을까? 예산을 일정 기간을 기준으로 들어올 수입과 나갈 지출로 나누어 미리 계획하는 것이다. 결산은 예산에 따라 실제로 이뤄졌는지 살펴보고 잘못된 부분이 있으면 반성해서 다음 예산 수립에 반영하는 것이다.

개인이 예산을 세우고 결산하는 주기는 한 달이 적합하다. 대개 한 달 단위로 수입과 지출이 이뤄지기 때문이다. 월급은 매월 받고,

월세, 각종 공과금, 신용카드 수수료, 학원비 등도 다달이 나간다. 그러니 예산과 결산도 한 달 단위가 좋다.

처음부터 거창하게 일을 벌일 필요는 없다. 초등학교 때 쓴 용돈기입장이나 가계부를 기록하면 된다. 일정 기간마다 정리하고 결과를 반성하며 수입과 지출을 파악한다. 가계부는 용돈기입장보다 수입과 지출 항목이 더 체계적으로 나눠져 있을 뿐, 기본 구조는 같다.

온라인이나 애플리케이션으로 온갖 도구가 제공되는데 용돈기입장을 살 돈이 없어서 기록하지 못한다는 말은 핑계일 뿐이다. 용돈기입장을 기록하지 않는 이유는 주로 두 가지 때문이다. 첫째는 귀찮아서, 둘째는 기록해 봤자 달라질 게 없어서다.

첫째 이유는 충분히 수긍할 수 있다. 매일 용돈기입장을 기록하는 일은 분명히 성가시다. 툭하면 기록하는 걸 잊어버린다. 이를 극복할

수 있는 최고의 방법은 습관을 들이는 것이다. 귀찮더라도 참고 매일 지출을 적다 보면 어느새 몸에 밴다.

둘째 이유는 잘못됐다. 기록만 하고 결산을 하지 않으면서 생긴 오해다. 수입과 지출을 기록하라는 것은 얼마나 현금이 남아 있는지 확인하는 의미 이상이다. 단순히 그런 목적이라면 굳이 시간을 들여가며 기록할 필요가 없다. 지갑 속에 현금이 얼마나 남아 있는지 확인하면 된다.

이렇게 기록하는 진짜 목적은 결산을 통해 지출을 분석하는 것이다. 지출을 정확하게 파악하면 미래를 계획할 수 있으며, 돈의 흐름을 적절하게 통제할 힘이 생긴다. 예산을 세우지 않고 지출을 관리하지 않는 사람은, 훗날 황금알을 낳아줄 거위를 죽이는 농부와 다를 바 없다.

💰 소득을 늘릴 수 없다면 지출을 줄여라!

꼭 써야 하는 필수적 지출과 줄일 여지가 있는 임의성 지출이 있다. 꼭 써야 할 지출은 생활하기 위해 어쩔 수 없이 해야 하는 지출이다. 용돈기입장을 기록하면 지출을 구분하기가 쉬워진다. 알뜰한 생활과 저축할 돈을 마련하는 비결은 줄일 여지가 있는 지출은 최대한 줄이는 데 있다.

그러려면 모든 지출을 항목별로 꼼꼼하게 기록한 다음, 한 달이 지나면 결산한다. 각 지출 항목별로 줄일 여지가 있는 부분이 무엇인지 살펴보면 답이 나온다. 예산과 결산을 주기적으로 반복하면 여러 가지 효과를 기대할 수 있다.

첫째, 예산 관리를 통해 자신의 수입과 지출을 정확하게 파악할 수 있다. 이는 재무 목표 달성에도 도움이 된다. 지출 계획을 세우면 충동구매를 줄이고 지출을 통제할 수 있어 적자가 덜 발생한다.

둘째, 같은 소득이라고 하더라도, 소비를 통해 얻는 효용이 증가할 수 있다. 돈을 계획에 따라 필요한 순서대로 지출함으로써 불필요한 소비를 줄일 수 있기 때문이다.

셋째, 어른이 되어 필요한 자금 관리 역량을 미리 습득할 수 있다. 용돈이든 일해서 번 소득이든, 적은 돈으로 시작해 예산 관리를 하면 나중에 어른이 되어서 큰돈을 잘 관리할 능력이 생긴다. 적은 돈이라고 해서 예산 관리의 중요성이 줄어들지는 않는다.

💰 당장 내일도 모르는 세상인데?

평생 금전적으로 큰 걱정 없이 편안하게 생활하는 게 모든 사람이 바라는 바일 것이다. 그러려면 일상생활에서 돈으로 인한 선택의 제약을 받지 않아야 하며, 불시에 발생할 사고를 감당할 수 있는 비상자금도 확보하고 있어야 한다. 이런 상태를 금융 웰빙(financial well-being)이라고 한다.

재무 설계는 현재 재무 상황을 파악하고 합리적 재무 목표를 세워 목표 달성을 위해 계획을 실천하는 과정이다. 재무 설계를 하면 금융 웰빙에 이를 가능성이 높아진다.

발등에 떨어진 불이나 눈앞의 목표에만 치중하다 보면 생애주기에 맞춰 장기적으로 해야 하는 재무 설계에 소홀해지기 쉽다.

"가정을 꾸린 어른이 되면 시작해야지."

"수십 년 후의 목표를 어떻게 지금 결정하겠어?"

모두 그럴듯한 핑계일 뿐이다. 장기 재무 설계는 불가능한 일이 아니다. 누구나 청소년기, 청년기, 중·장년기, 노년기 등을 거치면서 비슷한 궤적을 따라 살기 때문이다. 그리고 각 생애주기에 직면할 중요한 경제적 사건도 공통적인 것이 많다. 이러한 보편적인 특성을 참고한다면 장기 재무 설계도 그리 어렵지 않다.

사람의 생애주기에는 몇 가지 중요한 특징이 있다.

첫째, 20대까지는 개인 재무 상태가 적자다. 이후 중·장년기에 흑자로 반전하지만, 노년기에는 다시 적자 인생으로 돌아선다. 청년기는 소비에 비해 아직 소득이 많지 않은 시기라서, 노년기는 은퇴로 인해 소득이 급격히 감소하지만 병원 진료비 등 지출이 많이 필요한 시기라서 적자 인생을 산다.

둘째, 생애주기별로 중요한 경제적 사건이 예정되어 있다. 개인마다 차이는 있으나, 일반적으로 20대에는 대학 진학, 30대에는 결혼과 자녀 출산, 40대에는 자녀 교육과 내 집 마련 같은 굵직한 일을 경험한다. 한결같이 돈이 많이 필요한 일이다.

💰 예측할 수 있으니 충분히 대비할 수 있다

아직 미래를 살아보지 않았지만, 생애주기별 특성을 예측할 수 있으니 이에 충분히 대비할 수 있다. 예상되는 굵직한 경제적 사건에 원만하게 대처해 경제적 자유를 누리기 위해서는 비용 마련을 위한 구체적인 돈 관리 계획을 세워놓고 있어야 한다.

자신의 목표에 기초해 각 경제적 사건에 필요한 비용을 추산하고 비용 마련을 위한 구체적인 계획을 세우고 실천해야 한다. 장기 목표

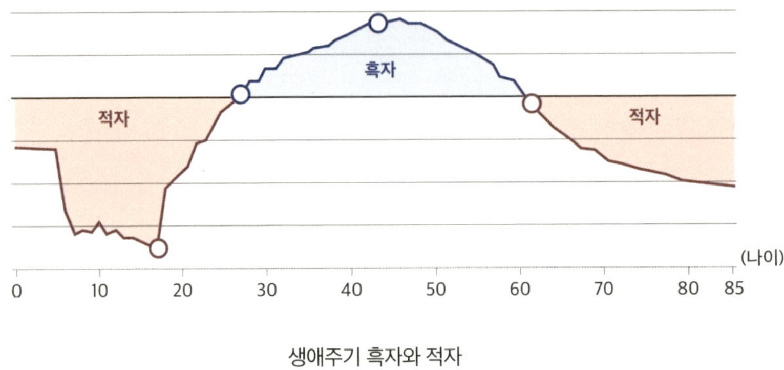

생애주기 흑자와 적자

라고 해서 복잡할 필요는 없다. 현실적이고 달성 가능하게 세우면 된다. 가령 30세에 자동차 사기, 40세에 1억 모으기, 50세에 아파트 마련하기, 65세에 은퇴하고 그때까지 은퇴 자금 5억 마련하기 등이다.

노년기의 적자 인생에 대비하기 위해서는 소득이 상대적으로 많아 흑자 시기인 중·장년기가 중요하다. 저축과 투자를 통해 자산을 축적할 수 있는 유일한 시기이기 때문이다.

이 시기에 흑자에 도취해 흥청망청 써버리는 사람이 많다. 통장에 돈이 쌓이니 연휴만 되면 수시로 해외여행을 떠나고 멀쩡한 차를 고급 승용차로 바꾼다. 그러나 명심하자. 이 시기는 영원히 지속되지 않는다. 그리고 조만간 적자 인생이 시작된다.

삶은 예측할 수 없다. 그러나 생애주기에 따른 예측은 어느 정도 가능하다. 미리 계획을 세우면 편안하고 안전한 삶의 여정이 가능해진다.

106

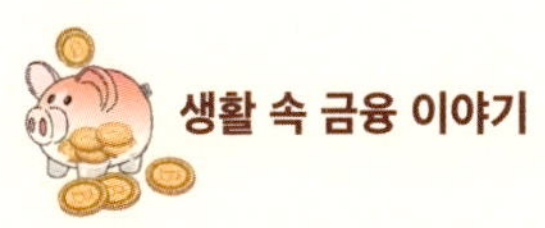

우리가 충동구매에 취약한 이유

맥나마라(Frank McNamara)라는 미국인 사업가는 1949년 어느 날 친구와 뉴욕의 식당에서 식사를 마치고 계산하려다가 지갑을 집에 두고 왔음을 깨닫고 당황했다. 누구나 한두 번쯤은 이런 일을 겪었을 것이다.

대부분은 이런 일을 그냥 지나치지만 그는 한발 나아갔다. 여러 식당에서 두루 사용할 수 있는 카드 같은 게 있으면 좋겠다고 생각한 그는 다이너스 클럽(Diners Club)이라는 카드를 만들었다. 식사하는 사람들의 클럽이라는 뜻이다. 이것이 신용카드의 시작이다. 우리나라엔 1978년에 처음 신용카드가 상륙했다.

꼭 필요한 곳에만 적절히 사용한다면 신용카드는 분명히 든든한 친구가 되어준다. 그러나 현실은 그렇지 못해서 소비 성향을 높이는 요상한 물건이 된다. 가랑비에 옷 젖는다는 말처럼, 매번 얼마 쓰지 않은 것 같은데 대금을 갚을 때가 되면 한 달 동안 사용한 총액이 상상을 벗어난다.

신용카드를 쓰면 소비 성향이 높아지는 이유를 심적 회계(mental accounting)로 설명할 수 있다. 사람은 돈을 쓸 때마다 마음속 장부에 기록하는데, 현금을 사용할 때와 신용카드를 사용할 때 입력하는 항목이 다르다. 현금을 사용할 때는 지갑에서 돈이 빠져나가는 걸 직접 눈으로 확인하므로 고통스럽다. 그래서 함부로 소비하지 않는다.

신용카드로 결제할 때는 다르다. 신용카드 항목에 기록될 뿐이며, 지갑에서 현금이 빠져나가지 않아 결제에 따르는 고통이 덜하다. 심하면 공짜로 구매한다는 착각까지 한다. 신용카드가 지름신을 부르는 이유다.

할인도 포인트도 조심해!

신용카드와 관련한 매혹적인 마케팅도 요물처럼 소비자를 괴롭힌다. 고가의 스마트폰을 살 때 많이 받는 제안은 새 신용카드 발급이다. 새 카드로 수십만 원을 할인받을 수 있다는 달콤한 제안을 한다.

"어차피 일정 금액을 소비하고 있으니 새 신용카드로 결제할까?"

이처럼 가볍게 생각하고 제안을 덥석 받아들인다. 문제는 그 이후로 매달 정해진 금액을 해당 신용카드로 결제해야 한다는 점이다. 실적을 억지로 채우기 위해 꼭 필요하지 않은 물건을 구매한다. 장기적으로 볼 때는 제값을 주고 스마트폰을 구매하는 것보다 이득이었는지 확신할 수 없다.

포인트 마케팅도 있다. 신용카드를 사용할 때 일정 비율을 포인트로 적립해 주고 현금처럼 사용할 수 있다고 유혹한다. 이왕이면 포인트를 많이 얻을 수 있는 방향으로 사용하는 게 옳지만, 오로지 포인트 적립을 위해 더 많이 사용하는 우를 범한다. 포인트라는 미끼를 덥석 무는 물고기 꼴이다.

3장

저축으로 이자를 벌려면?

내 주머니의 푼돈은 남의 주머니에 있는 거금보다 낫다.
— 세르반테스(Miguel de Cervantes)

저축의 3요소가 뭘까?

종잣돈, 금리, 시간

은행에 돈을 맡기고 이자를 기대하는 행위를 저축이라고 흔히들 생각한다. 맞는 말이지만, 대학생을 위한 경제학 교재에서는 저축을 이보다 확장된 개념으로 정의한다. 소득 가운데 소비하지 않고 남은 부분을 모두 저축이라고 하는 것이다.

같은 의미 아니냐고 생각하겠지만, 소비하지 않고 남은 돈으로 사람들이 무엇을 하는지 따져볼 필요가 있다. 제일 먼저 떠오르는 게 은행에 돈을 맡기는 일이다. 그리고 주식, 금, 가상자산, 부동산 등에 투자하기도 한다.

즉 경제학 교재에서는 은행 예금과 투자를 합쳐 저축이라고 하지만, 일상생활에서 사람들은 대개 '저축=은행 예금'이라고 생각하며 투자는 저축에 포함시키지 않는 경향이 있다.

이 책에서는 사람들의 보편적인 시각을 받아들여, 저축은 은행에 돈을 맡기고 이자를 받는 행위로, 투자는 주식이나 부동산 등으로 돈을 많이 불리는 행위로 구분한다.

💰 부자 되는 첫걸음

부자가 되기로 마음먹은 사람이 내디딜 첫걸음은 소비를 절약하고 저축하는 일이다. 저금리 시대에 저축만으로는 부자가 될 수 없지만, 그렇다고 저축 없이 부자가 된 사람도 없다. 금리가 낮다고 저축을 소홀히 한다면 부자 되기를 포기한 사람이다. 저축이라는 길을 걸어야 돈과 금융에 눈을 뜨고, 비로소 투자에 사용할 종잣돈을 손에 쥘 수 있다. 돈을 모으는 데 저축 이상의 수단은 없다.

부자가 되려고 성급히 투자할 생각부터 하지 말아야 한다. 투자할 종잣돈을 만들기까지 저축이라는 가장 기본적이고 안정적인 재테크 과정을 거쳐야 한다. 저축 단계를 거치지 않고는 성공적인 투자 단계에 이를 수 없다. 강도가 센 운동을 하기 위한 기초 체력을 기르는 것이라고 생각하자.

"소득은 적고 쓸 곳은 많은데, 무슨 돈으로 저축해요?"

저축하지 못하는 사람들이 대개 내세우는 이유다. 그러나 이는 핑계일 뿐이다. 잘못된 선택 때문에 저축할 돈이 없는 것이다. 미국 사람들이 즐겨 사용하는 말이 있다.

"Pay yourself first!"

소득이 생기면 자신에게 먼저 쓰라는 말이다. 그렇다고 한 달 동안 일하느라 수고했으니, 보상으로 옷을 사거나 맛있는 걸 먹는 데 쓰라는 말이라고 착각하지 말자. 이는 미래의 자신, 즉 노후를 위해 쓰라는 뜻이다. 소득이 생기면 일정 부분을 자신의 미래를 위해 저축 등으로 먼저 떼어놓은 다음 남은 돈으로 다른 소비 항목에 지출한다. 그러니까 저축할 돈이 없다는 사람들은 돈이 없어서가 아니라 쓰는 순서가 틀려 저축하지 못하는 것이다.

'이 적은 돈을 모은다고 무슨 의미가 있어?'

'차라리 지금 필요한 데 써서 만족이라도 얻는 게 낫지 않을까?' 이런 생각이 들 수도 있다. 하지만 저축은 금액의 많고 적음보다 돈을 모으려는 습관과 태도가 중요하다. 적은 돈이라도 저축하지 않은 사람은 훗날 돈이 많이 생겨도 저축하지 않는다.

💰 식물 키우듯 저축하자

화분에 심은 상추나 넓은 들판의 아름드리 느티나무나, 모든 식물에는 공통점이 있다. 성장하려면 3요소가 필요하다는 점이다. 씨앗(묘목), 햇빛과 물, 시간이다. 이 가운데 하나라도 문제가 생기면 식물이 제대로 성장하지 못한다.

저축을 통해 돈을 키우고 자산을 축적하는 데도 3요소가 필수적이다. 종잣돈, 금리, 시간이다.

첫 번째 요소인 종잣돈은 더 큰 돈으로 키우기 위한 밑천이 되는 돈이다. 씨앗부터 시작해 식물이 성장하듯, 자산을 불리기 위해서는 종잣돈이 필요하다.

저축의 두 번째 요소는 금리(이자율)다. 식물 성장에 필요한 햇빛과 물에 해당한다. 광합성을 위한 햇빛과 물이 없다면 씨앗이 성장하

지 못하고 죽는다. 마찬가지로 종잣돈을 갖고 있어도 금리가 없다면, 이자가 발생하지 않아 돈이 불어나지 않는다. 햇빛이 풍부하고 깨끗한 물이 충분할 때 식물이 쑥쑥 자라듯, 금리가 높을수록 돈도 무럭무럭 불어난다.

마지막으로 시간이다. 상추는 하루아침에 우리가 먹을 만큼 성장하지 못한다. 기다림이 필요하다. 돈도 불어나기 위해서는 시간이 필요하다.

돈을 불리는 비법은 단순하다. 적당한 종잣돈을 마련하고, 높은 금리와 넉넉한 시간을 더하면 된다. 그리고 기다리면, 세월과 함께 돈이 불어난다.

얼마나 지나야 돈이 두 배로 불어날까?

72의 법칙

이별의 아픔을 겪고 있는 사람에게 흔히 던지는 위로의 말이 있다.

"시간이 약이야."

어떤 위로나 오락거리도 당사자에게 도움이 되지는 않겠지만, 시간이 흐르면 그 사람은 이별의 아픔을 툴툴 털고 새로운 만남을 이어간다. 신체의 상처가 아물고 새살이 돋아나는 데도 시간만 한 약이 없다.

저축에도 이 말은 진리다. 높은 금리도 중요하지만, 개인의 힘으로 시장에서 결정되는 금리를 끌어올릴 도리는 없다. 자연이 주는 햇빛과 물을 식물이 수동적으로 받아들일 수밖에 없는 것처럼, 저축하는 사람에게 금리는 자신이 할 수 있는 능력 밖의 영역이다. 다만 0.1%라도 높은 금리를 찾아 이 은행에서 저 은행으로 돈을 옮길 뿐이다.

💰 시간은 저축 성공의 열쇠

그렇지만 시간은 다르다. 본인이 결정하는 요소다. 지금부터 저축을 시작하는 사람, 내년부터 저축을 시작하는 사람이 있다. 차일피일 미루다가 평생 저축하지 못하는 사람도 있다. 평균 수명이 90세라고 할 때, 20세에 저축을 시작한 사람은 70년 동안 이자가 누적되는 효과를 기대할 수 있다. 40세에 저축을 시작한 사람은 50년 동안, 70세에 저축을 시작하면 20년간 이자가 누적된다. 어떤 사람이 더 많은 이자, 더 많은 돈을 불릴 수 있는지 분명해 보인다. 이렇듯 시간은 저축의 성공 여부를 결정하는 핵심 열쇠다.

더군다나 시간은 누구에게나 공평하게 주어진다. 엄청난 부자로 태어난 사람이나 무일푼으로 태어난 사람이나, 하루 24시간 똑같은 시간을 부여받는다. 세상에 이보다 더 공평한 것은 없다. 그렇지만 안타깝게도 세상에서 가장 값진 선물인 시간의 혜택을 제대로 활용하지 못하는 사람이 많다. 공평한 시간을 불공평하게 사용하는 게 인간이다. 어리석음의 극치다.

지금은 소득이 적으니, 나중에 소득이 늘어나면 그때부터 저축을 시작하겠다는 사람이 있다. 여기엔 두 가지 중대한 오류가 있다.

첫째, 나중에 소득이 늘어나면 저축할 여력이 생길 거라는 착각이다. 일반적으로 나이가 많아지면 소득이 증가한다. 그렇지만 소비도 그만큼 늘어난다. 자신의 씀씀이도 커지고 가족도 생긴다. 자녀가 커가며 돈 쓸 곳이 많아진다. 지금 저축할 여력이 없는데 나중이라고 저축할 여력이 특별히 생기지 않는다.

둘째, 나중을 기약하겠다는 것은 시간을 낭비하는 일이다. 20세가 아니라 40세에 저축을 시작하면 20년을 낭비한 꼴이다. 인간으로서 할 수 없는 일이 있는데, 그중 하나가 시간을 되돌리는 일이다. 억만 금을 주더라도 시간을 사거나 되돌릴 수 없다. 나이가 든 후에 젊었을 때부터 저축하지 않은 것을 후회해도 소용없다.

저축에서 가장 중요한 것은, 돈이 있고 없고, 돈이 많고 적고를 떠나서 조금씩이라도 형편에 따라 바로 '지금'부터 시작하는 실천력이다. 유명한 만화 영화 〈쿵푸팬더〉에서 스승이 주인공인 팬더 포에게 조언한다.

"과거는 지난 것이요, 미래는 불확실하다. 그러나 현재는 선물이다. 우리가 현재를 'present(선물)'라고 부르는 이유가 여기에 있다."

현재는 신이 인간에게 준 최고의 선물이다.

가장 가치 있는 자원

돈을 불리는 일과 관련해서 전문가들이 흥미로운 법칙을 하나 찾아냈다. 자신이 저축한 돈이 지금의 두 배가 되는 데 걸리는 기간을 암산으로 간단하게 따질 수 있는 계산법이다. 숫자 72를 금리로 나누면 지금의 돈이 두 배로 불어나는 데 걸리는 햇수가 나온다. 이를 '72의 법칙'이라 부른다.

예금액이 두 배가 되는 데 걸리는 햇수　＝　72　÷　금리

72의 법칙

예를 들어 금리가 10%라면, 원금 100만 원이 200만 원으로 불어나기까지 약 7년이 걸린다. 금리가 6%로 낮아지면 12년이 걸린다. 계산기를 가지고 복잡한 식으로 계산하지 않더라도 저축 계획을 수립하는 데 유용하게 활용할 수 있다. 이 72의 법칙은 응용할 수도 있다. 5년 후에 지금보다 두 배의 돈이 필요하다면, '72÷5=14.4'이므로 매년 14% 정도의 금리를 제시하는 상품에 가입해야 목표를 이룰 수 있다.

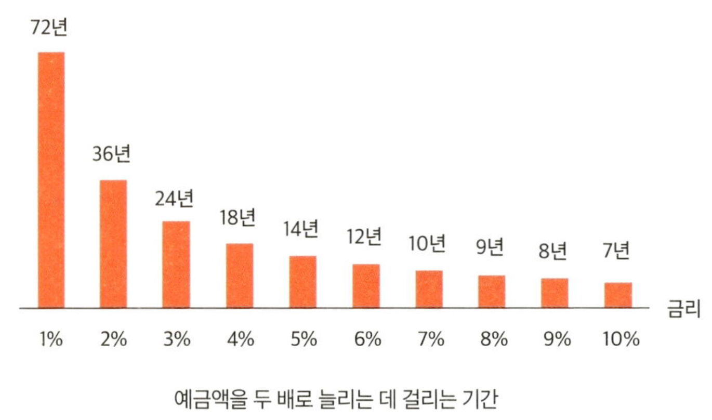

예금액을 두 배로 늘리는 데 걸리는 기간

지금은 저금리 시대다. 저축한 원금을 두 배로 늘리는 데 시간이 많이 걸린다는 뜻이다. 이자율이 6%라면 12년이 걸리지만 4%일 때는 18년, 2%일 때는 자그마치 36년이 걸린다. 일찍 저축을 시작하고 오래 기다려야 돈을 불릴 수 있다.

시간은 세상에서 가장 가치 있는 자원이다. 젊을수록 활용할 수 있는 시간이 많이 남아 있다. 이 소중한 시간을 허무하게 날리지 말자.

120

저축 상품이 이렇게 많다고?

적금, 정기 예금, 주택청약저축

오래전부터 많은 경제학자들은 사람들이 저축하는 이유에 관심을 가졌다. 20세기 전반의 저명한 경제학자 케인스(John M. Keynes)는 대표 저서 『고용, 이자 및 화폐의 일반이론』에서 사람들이 저축하는 데는 여러 가지 동기가 있다고 말했다.

예측할 수 없는 사고를 당하면 돈이 필요하므로, 미래의 생활에 대비하려고, 단순히 재산이 늘어나는 게 좋아서, 과거보다는 오늘, 오늘보다는 내일이 더 나아지기를 기대하면서 등 다양한 동기가 있었다. 사업을 위한 자금을 마련하기 위해 저축한다는 사람도 있으며, 자식이나 다른 사람에게 재산을 남겨주려는 이타적인 동기도 있다.

예방 조치	예측할 수 없는 사고에 대비하기 위해
미래 대비	미래의 소득과 욕구 사이의 불일치를 해소하기 위해
재산	이자와 저축액이 늘어나는 것을 즐기기 위해
향상	점진적으로 나아지는 생활 수준을 즐기기 위해
독립	어떤 일도 홀로 할 수 있는 독립심을 기르기 위해
사업	사업에 필요한 자본금을 마련하기 위해
긍지	다른 사람에게 재산을 남겨주기 위해
탐욕	욕심을 충족시키기 위해

케인스가 제시한 저축 동기

💰 돈을 언제 찾아 쓸지 명확하게!

가장 안전하며 지점 수가 많아서 전국 어디서나 편리하게 이용할 수 있다는 점이 은행의 최대 경쟁력이다. 하지만 장점만큼이나 단점도 분명하다. 은행이 제시하는 예금 금리는 다른 금융 상품에 비해 현저하게 낮다. 안전하고 편리한 대신 이자를 적게 준다.

은행에 저축할 때도 선택할 게 많다. 우선 돈을 저축하는 목적을 분명히 정해야 한다.

집에 돈을 보관하는 게 불안해서 안전하게 맡겼다가 필요할 때마다 꺼내 쓰는 편리함이 주된 목적이라면, 요구불 예금이 적합하다. 고객이 '요구'하면 언제든지 맡기거나 찾을 수 있는 예금이라는 뜻이다. 보통예금이 대표적인 상품으로, 흔히 요구불 예금과 보통예금을 동일시한다. 요구불 예금 통장의 표지에는 흔히 '입출금이 자유로운 통장'이라는 문구가 적혀 있다.

122

고객은 은행 창구뿐 아니라 자동화 기기를 통해서 또는 인터넷 뱅킹, 모바일 뱅킹을 이용해서 언제, 어디서나 돈을 인출 및 이체할 수 있다. 그래서 환금성과 편리성이 가장 뛰어난 저축 상품이다.

편리함에는 대가가 따른다. 요구불 예금에 돈을 맡기면 이자를 거의 받지 못한다. 예금 금리가 0%에 가깝다는 말이다. 은행으로서도 할 말이 있다. 고객이 돈을 언제 찾을지 모르므로 요구불 예금으로 들어온 돈으로는 대출로 이자를 벌기 힘들다. 그래서 예금자에게 이자를 많이 줄 수 없다.

💰 꿩도 먹고 알도 먹으려면

이왕이면 이자를 많이 받고 싶은 게 사람의 욕구다. 조금이라도 돈을 불리고 싶은 마음이 있다면, 돈을 수시로 찾을 수 있는 권리를 포기하고 저축성 예금을 선택하면 된다. 수시 사용 목적이 아니라 돈을 모으려는 저축을 목적으로 하는 예금이라는 뜻이다.

저축성 예금에도 크게 두 종류가 있다.

첫째, 우선 매달 조금씩 돈을 넣고 만기 때 한꺼번에 목돈을 찾는 적금이 있다. 적금 기간은 보통 6개월에서 1년인데, 길게는 3년짜리도 있다. 적금 기간이 길수록 은행은 돈을 계획적으로 운용해 더 많은 수익을 올릴 수 있으므로 예금자에게 높은 금리를 적용해 준다.

적금은 정기 적금과 자유 적금으로 나뉜다. 정기 적금은 매달 은행과 약속한 날짜에 약속한 금액을 정기적으로 붓는 적금이다. 정해진 날짜에 고정 월급을 받는 직장인에게 적합하다.

그렇지만 소득이 규칙적이지 않은 사람들도 많다. 이런 사람들을 위해 등장한 게 자유 적금이다. 금액과 날짜를 정해놓지 않고 예금자가 형편에 맞춰 아무 때나 돈을 부을 수 있는 방식인데, 자유롭게 돈을 부을 수 있지만 정기 적금보다 금리가 낮다.

💰 목돈을 굴려 이자를 벌기 위해

목돈의 여유 자금을 갖고 있는 사람이 가입할 수 있는 상품이 정기 예금이다. 은행과 일정한 기간을 약속하고 뭉칫돈을 맡기는 것이다. 은행은 계획을 세워 돈을 대출해 이자를 벌 수 있으므로 정기 예금에 대해 높은 금리를 제공한다. 따라서 목돈으로 이자소득을 벌려는 사람들에게 적합한 저축 상품이다. 정기 예금은 짧게는 1개월, 길게는 5년까지 만기가 다양하다. 일반적으로 만기가 길수록 금리도 높아진다.

적금이든 정기 예금이든, 은행과 약속한 만기를 잘 관리하는 게 중요하다. 갑자기 돈이 필요해져서 만기가 되기 전에 해지하면 처음에 계약했던 금리보다 훨씬 낮은 중도 해지 금리를 적용받는다. 이자는 받지만, 가입 당시 기대했던 이자만큼은 아니다.

만기가 지나고서도 찾지 않은 돈 역시 이후부터 낮은 금리가 적용된다. 그러므로 만기가 된 이후에 당장 사용할 곳이 없다고 해서 그대로 놔두기보다는 새로운 저축 상품에 다시 가입하는 게 좋다.

은행 사이의 고객 확보 경쟁이 치열해지면서 기존에는 없던 새로운 저축 상품이 등장하고 있다. 고객의 필요와 요구에 부응하려고 은행이 새로운 조건의 상품을 출시한 결과다. 파킹통장이 대표적이다.

운전자는 자동차를 일정한 곳에 주차(parking)해 두었다가 필요할

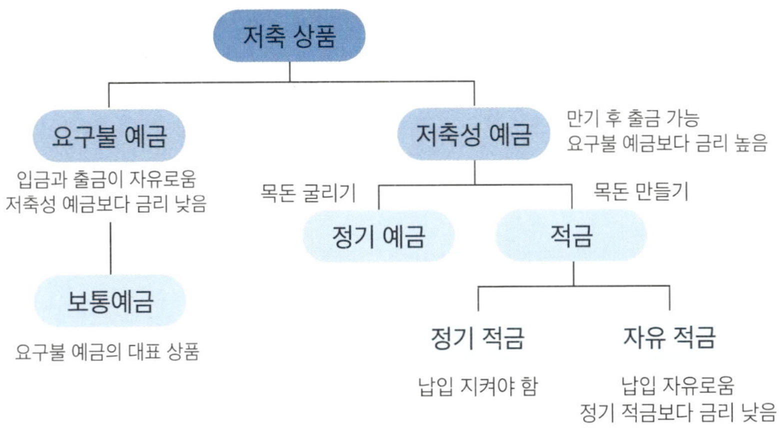

저축 상품의 구분

때 운행한다. 대개는 주차장에 오래 주차해 놓지 않는다. 마찬가지로 남아도는 돈을 정기 예금처럼 오래 맡기는 대신에 며칠만이라도 예금하면 보통예금보다 높은 금리를 제공해 주는 상품이 파킹통장이다. 고객이 원하면 언제든지 출금과 인출이 가능하다는 점에서 요구불 예금에 속하지만, 보통예금보다는 금리가 높다. 자유로운 인출과 높은 금리를 적당히 결합한 덕분에, 목돈을 잠시 보관해 두면서 이자도 챙기려는 사람들에게 인기가 있다.

🪙 아파트 가격이 너무해

통계청이 한국 사람들을 대상으로 조사한 결과에 따르면 가장 중요한 저축 목적은 노후 대비였다. 사회보장이 충분하지 못하므로 스스로 노후에 대비하려는 사람들이 많다는 뜻이다. 노후 대비 외에도 우리나라 사람들이 저축하는 중요한 동기는 주택 마련이다.

우리나라에서 아파트의 인기가 식을 줄 모른다. 이처럼 수요가 많으니 아파트 가격을 시장 원리에 맡겨 놓으면 값이 비싸서 보통 사람들이 내 집 마련이 힘들다. 그렇다고 이미 지어진 아파트의 거래 가격을 모두 통제해 가격을 인위적으로 낮출 수도 없다.

이에 정부는 새로 짓는 아파트의 가격을 통제한다. 새로 짓는 아파트를 파는 걸 분양이라 하는데, 정부가 아파트 분양가에 상한선을 두고 그 이상은 받지 못하게 규제한다. 이것이 분양가 상한제다. 서민들이 비교적 싼 가격에 새 아파트를 분양받을 수 있게 지원하자는 취지다.

청약에 자격을 부여한 이유

가격을 통제하니 당연히 부작용이 따른다. 분양가가 시장가보다 낮아, 분양 아파트를 사려는 사람들이 넘친다. 분양하는 아파트는 100채인데 사려는 사람이 1만 명은 된다. 그러면 누구에게, 어떤 방식으로 새 아파트를 분양해야 할까?

이 문제를 해결하려고 정부가 도입한 게 주택청약제도다. 청약은 새로 건설되는 아파트를 구매하겠다고 의사를 표시하는 것이다. 새 아파트에 대한 응모권인데, 아무에게나 주어지지 않는다.

새 아파트를 청약하려는 사람은 주택청약종합저축에 가입해 일정 기간 이상, 일정 금액 이상을 부어 청약 자격을 얻어야 한다. 주택청약종합저축에 가입하지 않은 사람은 청약 자체가 불가능하다.

주택청약종합저축에 가입해 자격을 얻었다고 해서 모두 새 아파트를 분양받는 것은 아니다. 가입자가 넘치므로 그 가운데에서 선발되는 사람이 분양받는다. 대한민국에 거주하는 개인이라면 나이에 구애받지 않고 누구나, 미성년자도 주택청약종합저축에 가입할 수 있다. 단, 전체 은행에 걸쳐 계좌는 하나만 개설할 수 있다. 여러 개의 주택청약종합저축에 가입해 분양 확률을 높이지 못하도록 규제하기 위해서다.

어디에 저축하지?

예금취급기관

개인이 저축할 수 있는 금융회사로 우선 은행이 있다. 그런데 은행만 있는 것은 아니다. 이제부터 개인이 저축할 수 있는 금융회사를 알아보자.

우리가 은행이라고 부르는 곳의 정식 명칭은 일반은행이다. 일반은행은 다시 시중은행, 지방은행, 외국은행의 국내 지점으로 구분한다. 시중은행은 KB국민은행, 우리은행, 신한은행, KEB하나은행, iM 뱅크처럼 전국적으로 영업하는 은행이다. 지방은행은 부산은행, 경남은행, 전북은행, 광주은행, 제주은행처럼 특정 지역을 주된 영업 구역으로 한다. 외국은행이지만 우리나라에 지점을 두고 있는 곳이 외국은행의 국내 지점이다.

💰 개인이 저축할 수 있는 곳들

상호저축은행도 개인이 돈을 저축할 수 있는 예금취급기관이다. 대부분 저축은행이라고 줄여 부른다. 상호저축은행은 인근 지역의 주민, 상인, 소규모 기업을 대상으로 영업하는 비교적 작은 규모의 금융회사다. 자신의 거주 지역이 아니어도, 상인이 아니어도 누구나 자유롭게 이용할 수 있다.

굳이 비교하자면, 상호저축은행의 예금 금리는 일반은행보다 높다. 일반은행에 비해 규모가 작아 안전성이 다소 떨어지므로, 고객을 끌어들이려면 금리가 높아야 한다. 대신 대출 금리도 일반은행보다 높다. 신용점수가 낮아 일반은행에서 대출을 거절당한 사람이 방문하는 데가 상호저축은행이기 때문이다.

개인이 저축할 수 있는 곳으로 신용협동기구도 있다. 신용협동기구는 직장이나 농어촌 지역에서 조합원을 모은 후 이들로부터 예금을 받고 돈이 필요한 조합원에게 자금을 대출해 준다. 조합원 사이의 상부상조를 주된 목적으로 하는 지역 서민 금융회사로 보면 된다. 신용협동조합, 새마을금고, 농협과 수협의 단위 조합이 이에 해당한다.

정부 기관인 우체국도 기존의 우편 업무 외에 예금과 보험 업무를 함께 담당한다. 인구가 많지 않은 농어촌이나 산간 지역에는 금융회사가 지점을 설치할 이유가 없다. 고객이 많지 않아 수익성이 떨어지는 탓이다.

인터넷이 없던 시절에 이곳 주민들은 금융 거래를 하기 위해 먼 곳까지 직접 이동해야 해서 불편함이 이만저만이 아니었다. 이에 정부가 전국 곳곳에 있는 우체국 조직을 이용해 간단한 금융 업무를 할 수 있도록 허용한 게 지금까지 이어지고 있다.

　뉴스나 어른들의 대화를 듣다 보면, 제1금융권, 제2금융권과 같은 말이 나올 때가 있다. 우리가 익히 알고 있는 금융회사들에 대한 별칭이라 보면 된다.

　일반은행(인터넷 전문은행 포함)을 제1금융권이라고 한다. 그리고 일반은행을 제외한 다른 금융회사(상호저축은행, 증권회사, 보험회사, 신용카드회사 등)를 제2금융권이라고 부른다. 자주 쓰이지는 않지만, 제3금융권이란 말도 있다. 금융감독원의 직접적인 감독을 받지 않는 사금융을 부르는 말이다. 대부업체가 제3금융권의 대표적인 예다.

은행은 어떻게 돈을 벌까?

예대금리차

은행이 하는 중요한 역할 가운데 하나는 여윳돈을 갖고 있는 예금자에게서 자금을 마련해서, 돈을 빌리려는 대출자에게 대출해 주는 일이다.

이때 은행은 대출과 관련된 모든 위험을 관리하고 책임진다. 즉, 은행이 대출해 준 돈을 돌려받지 못하더라도 예금자는 맡긴 원금과 약속한 이자를 보장받는다. 그러므로 예금자는 은행이 누구에게 얼마를 대출해 주든 신경 쓸 필요가 없다.

대출을 통해 은행이 돈을 버는 원리는 무척 간단하다. 대출에 대해서 예금보다 높은 금리를 적용한다. 예를 들어 예금 금리 2%라면 대출 금리를 5%로 하는 식이다. 즉 돈 1억 원을 예금하는 사람에게는 200만 원의 예금 이자를 주는 반면, 그 1억 원을 대출해 가는 사람에게서는 500만 원의 대출 이자를 받는다. 대출 이자와 예금 이자 사이의 차액인 300만 원만큼 은행이 버는 것이다.

예금 금리와 대출 금리의 차를 예대마진(margin) 또는 예대금리차라고 부른다. 예대금리차가 클수록 은행의 이윤도 커진다. 단순하게 생각하면 은행은 남(예금자)에게서 싸게 빌린 돈을 다른 사람(대출자)에게 비싸게 빌려주는 방법으로 돈을 버는 곳이다. 남의 돈으로 돈을 버는 현대판 봉이 김선달 같다.

은행이 돈을 버는 방법

💰 돈 벌기 쉽잖아!

어느 은행이 이윤을 많이 벌기 위해 예대금리차를 크게 벌린다고 하자. 만약 은행이 독점 기업이라면 어쩔 수 없이 이 은행에 예금하고 이곳에서 대출받아야 한다. 그럼 은행은 힘들이지 않고 이윤을 늘릴 수 있다.

다행히도 현실에서 은행은 독점 기업이 아니라서, 여러 개의 은행이 치열하게 경쟁한다. 어느 은행이 예대금리차를 벌릴 때 경쟁 은행은 그러지 않는다. 여윳돈이 있는 사람은 예금 이자를 적게 주는 은행에 등을 돌리고 이자를 조금이라도 더 주는 경쟁 은행에 예금한다.

132

대출받으려는 사람도 대출 이자를 적게 내도 되는 경쟁 은행으로 발걸음을 옮긴다.

결국 예대금리차를 벌려 이윤을 늘리려는 은행의 시도는 무산되고 만다. 시장에서 은행들이 서로 공정하게 경쟁한 결과다.

💰 이자가 따라붙는 이유

돈거래에는 왜 늘 이자가 그림자처럼 따라다닐까? 이자 없이 돈을 빌리고 빌려주면 안 될까?

돈을 갖고 있는 사람은 언제든지 그 돈을 소비해서 당장 욕구를 충족할 수 있다. 멋진 청바지를 사 입을 수도, 영화를 볼 수도 있다. 여행을 떠나거나 더 좋은 차를 사거나 좀 더 넓은 집으로 이사를 할 수 있다. 돈을 자본 삼아 사업을 시작할 수도 있다.

이처럼 누군가에게 돈을 빌려주는 행위는 자신이 사용할 기회를 포기한 결과다. 그래서 돈을 빌려준 사람에게는 포기에 대한 보상이 필요하다. 이자는 포기한 선택, 즉 기회비용에 대한 보상이다.

한마디로 이자는 돈을 빌려주는 대가, 혹은 남의 돈을 빌릴 때 내야 하는 대가다. 우리가 은행에 예금하면 은행이 이자를 주는 이유도 마찬가지다. 예금이란 우리가 여윳돈을 은행에 빌려주는 것이다. 그래서 은행은 우리에게 이자를 붙여 돌려준다.

이자? 꿈도 꾸지 마!

이자의 역사

지금은 돈을 빌리거나 빌려줄 때 당연히 이자를 주고받지만, 옛날에는 그렇지 않았다. 이자를 받는 행위를 도덕적으로 옳지 않게 보는 시각이 지배적이었다. 이는 기독교의 영향으로, 『성경』의 「누가복음」 6장 34~35절에 다음과 같은 구절이 나온다.

"너희가 받기를 바라고 사람들에게 꾸어주면 칭찬받을 것이 무엇이냐. 죄인들도 그만큼 받고자 하여 죄인에게 꾸어주느니라. 오직 너희는 원수를 사랑하고 선대하며 아무것도 바라지 말고 꾸어주라."

원금조차 받으려는 생각을 하지 말고 꿔주라는 뜻이다. 그러니 이자를 받는 건 꿈도 꾸지 말아야 한다.

앞에서도 언급했던 희곡 『베니스의 상인』에 다음과 같은 말이 나온다.

"새끼도 치지 못하는 쇠붙이에서 이자를 받아먹으려는 자가 어디 있소?"

이자를 주고받는 행위를 죄악시하는 분위기는 중세까지 이어졌다. "돈은 새끼를 치지 않는다"라는 말은 그 당시 사람들의 생각을 잘 대변했다. 중세 기독교에서는 다음과 같은 근거로 이자를 원칙적으로 금지했다.

첫째, 돈을 빌리는 사람은 주로 궁핍한 상태에 놓여 있다. 상대방의 절박함을 이용해 이익을 챙기는 것은 비윤리적이다.

둘째, 돈은 직접 무언가를 생산하지 못하므로 이자는 불로소득이다. 따라서 이자를 받는 행위는 정당성이 없다.

셋째, 시간은 인간의 힘으로 조절할 수 없는 신의 영역이다. 그러므로 돈을 빌려주고 시간이 흐른 뒤에 그 대가로 이자를 받는 행위를 용납할 수 없다.

토마스 아퀴나스의 궁여지책

이자에 대한 부정적 시각에도 불구하고 실제로 사람들은 돈거래를 하면서 이자를 주고받았다. 도덕도 종교도 사람들의 이해관계를 초월하기가 힘들었던 탓이다.

더욱이 중세 교회는 엄청난 자산을 보유하고 있었다. 교회가 돈을 빌려주는 위치에 있었다는 말이다. 돈을 빌려주며 떳떳하게 이자를 받지 못한다는 현실 때문에 고민이 깊었지만 그렇다고 이자 수입을 쉽게 포기할 수도 없었다.

그러자 신학자 토마스 아퀴나스가 해결책을 제시했다. 원칙적으로는 이자를 금지하되, 이자를 받아도 되는 예외 조항을 뒀다. 채권자가 돈을 빌려줌으로써 손해를 보는 경우, 채권자가 그 돈을 더 이익이 나는 곳에 투자할 수 있음에도 불구하고 빌려줌으로써 포기하는 이득을 보상하는 경우, 채무자가 만기를 넘겨 연체했을 경우다.

제시된 경우를 곰곰이 따져보면, 현실적으로 거의 모든 거래에서 이자가 가능해졌음을 알 수 있다. 결국 대외적으로는 이자를 금지하되, 현실적으로는 이자를 허용한 셈이다.

💰 눈 가리고 아웅이네

이후 유럽에서 상업 활동이 활발해지면서 대규모 자금이 갈수록 필요해졌다. 하지만 이자를 공공연하게 주고받을 수 없는 분위기로 인해 돈 있는 사람들은 돈을 대출해 주기를 꺼렸다. 좋은 사업 기회가 있어도 시작하지 못하는 경우가 많았고, 경제에도 지장이 생겼다.

법이 현실의 이치와 이해를 반영하지 못하면 편법이 횡행하기 마련이다. 이자 대신 각종 수수료라는 이름으로 보상하면서 돈을 빌리는 편법이 성행했다. 그리고 점차 시간이 흐르면서 고리대금 수준이 아니라면 이자를 받는 걸 당연하게 받아들이기 시작했다. 이후 자본주의 시대가 본격적으로 열리면서 이자는 오늘날처럼 당연하게 받아들여졌다.

"상업에 의한 이윤은 허락하나 이자는 금한다."

이슬람 성전인 『쿠란』에 나오는 말이다. 그래서 이슬람 사회에서는 지금도 이자를 금한다.

그렇다고 이슬람인이 보상 없이 돈을 빌려주는 것은 아니다. 빌린 돈으로 기계를 구매하거나 사업에 투자한 후, 발생하는 이윤 가운데 일부를 돈을 빌려준 사람에게 되돌려주는 형식을 취한다. 이자가 아니라 이윤을 주는 형식을 취하지만, 실은 이자나 다를 바 없다.

이자를 더 받을 수 있다고?

단리와 복리

1년에 새끼 10마리를 낳는 동물이 있다. 10년 동안 태어난 새끼는 몇 마리일까? 단순하게 매년 10마리씩 10년이니까 100마리라고 생각할 수 있다. 그러나 이 숫자는 처음의 동물 한 쌍이 10년 동안 낳은 새끼만 계산한 결과다. 태어난 새끼들이 다시 새끼를 낳고, 그 새끼들이 다시 새끼를 낳는 것까지 고려하면, 새끼의 수는 이보다 훨씬 많아진다. 정답은 무려 1,000만 마리에 가깝다. 놀랍지 않은가?

금융 세상에서도 이런 놀라운 일이 생긴다. 이자를 계산하는 방식에는 두 종류가 있다. 예를 들어, 진수가 100만 원을 10%의 금리로 은행에 2년 동안 예금한다고 하자. 진수는 첫해에 이자 10만 원을 받는다. 그리고 두 번째 해에 다시 이자 10만 원을 받는다. 진수가 2년 동안 받는 이자는 총 20만 원이다. 이런 식으로 이자를 계산하는 방

식을 '단리'라고 한다. 단리에서는 다음과 같은 간단한 식으로 이자
총액을 계산할 수 있다.

$$이자\ 총액 = 원금 \times 금리 \times 기간(연)$$

🪙 복리는 다산의 상징!

이번에는 복리를 살펴보자. 원금뿐 아니라 이자에 대해서도 다시
이자를 계산하는 방식이다. 진수가 위와 같은 조건으로 예금한다고
하자. 첫해에 이자 10만 원을 받는 것까지는 단리나 복리나 똑같다.

진수 통장에는 원금 100만 원에 이자 10만 원이 더해져서 110만
원이 기록된다. 이번에는 첫해에 발생한 이자 10만 원까지를 포함한
110만 원을 원금으로 간주해 여기에 10%의 이자를 계산한다. 110만
원에 대한 이자는 11만 원이므로, 진수가 2년 동안 받는 이자는 총
21만 원이다.

$$첫째\ 해\ 이자 = 100만\ 원 \times 0.1 = 10만\ 원$$
$$둘째\ 해\ 이자 = 110만\ 원 \times 0.1 = 11만\ 원$$

새끼가 또 새끼를 낳아 개체 수가 기하급수적으로 늘어나는 것과
같은 원리다. 복리에 의한 이자 계산식은 다음과 같이 복잡하다.

$$이자\ 총액 = 원금 \times (1+금리)^{기간} - 원금$$

단리에 의한 이자 총액		복리에 의한 이자 총액
10만 원	1년 후	10만 원
20만 원	2년 후	21만 원
30만 원	3년 후	33만 원
	⋮	
100만 원	10년 후	159만 원

원금 100만 원을 금리 10%로 예금한 경우

당연히 단리보다는 복리에 의한 이자가 많다. 예금액이 많을수록, 금리가 높을수록 단리와 복리의 이자 차이는 크게 벌어진다. 그리고 예금 기간이 길어질수록 복리 이자는 폭발적으로 많아진다.

복리의 힘이 얼마나 대단한지를 확인하기 위해, 지금 100만 원을

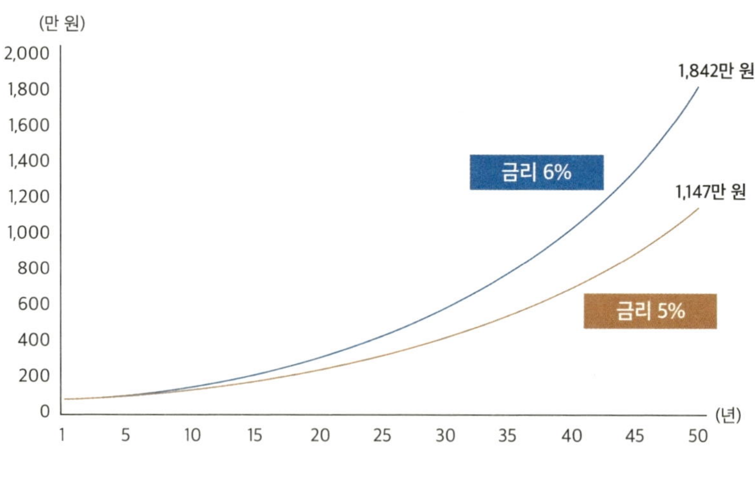

100만 원을 복리로 50년 동안 예금할 때

연 5%의 복리 금리로 예금하고 그 이후에는 아무 일도 하지 않고 그냥 놓아둔다고 하자. 이 돈이 1년 후에는 105만 원이 된다. 2년 후에는 110만 원, 20년 후에는 265만 원으로 불어난다. 그리고 50년 후에는 무려 1,147만 원이다. 처음 100만 원을 예금한 후 단 한 푼도 추가로 예금하지 않았지만 이자가 이자를 낳은 결과 11배나 넘게 스스로 불어난다.

만약 금리가 6%라면 50년 후에 1,842만 원, 금리가 10%라면 무려 1억 1,740만 원으로 117배 증가한다. 마치 마법을 부린 것 같다.

8

1억을 모으는 비결은?

복리의 힘

1626년 아메리카 원주민은 뉴욕 맨해튼 땅을 네덜란드인에게 팔았다. 당시 가치로 겨우 24달러어치에 해당하는 물건을 받고 맨해튼 땅을 넘긴 것이다. 맨해튼은 지금 미국 최고의 땅값을 자랑한다.

이후 세상 사람들은 맨해튼을 너무 싸게 팔았다며 아메리카 원주민이 어리석다고 비웃었다. 그렇지만 여기서 주목해야 할 점은 원주민이 받은 대가가 아니다. 받은 대가를 제대로 운영하지 못한 그들의 짧은 금융 지식이다.

만약 원주민들이 24달러를 6%의 금리로 예금하고 대대손손 재예치했더라면, 400년이 지난 오늘날 그 돈은 3,180억 달러로 불어났을 것이다. 맨해튼 지역의 지금 가치보다 높다. 복리의 힘이다. 역시 돈을 많이 모으려면 일찍 저축을 시작해 최대한 복리 효과를 누려야 한다.

당시 맨해튼을 24달러에 팔았던 걸 후회하지 않으십니까?
땅은 사고 파는 게 아닙니다. 공기나 햇빛처럼 누구도 소유할 수 업지요.
하 하 하
하지만 복리를 미리 알았다면 투자 했을텐데, 아깝네요.

💰 저축액보다 저축 기간

일찍 저축을 시작하는 일이 얼마나 대단한지 구체적으로 살펴보자. 어느 정도 사회생활을 한 진수는 금전적 여유가 생긴 30세부터 정년퇴직하는 65세까지 36년 동안 매년 100만 원씩 저축했다. 진수의 저축 총액은 3,600(=100×36)만 원이다. 한편 진수의 동생은 20세부터 29세까지 10년 동안만 매년 100만 원씩 저축하고 멈췄다. 동생이 10년 동안 저축한 돈을 합하면 1,000(=100×10)만 원이다.

진수와 동생이 복리 10%의 상품에 저축했다면, 66세가 될 때 누구의 돈이 더 많을까? 저축 총액이 3.6배나 많은 진수겠거니 생각하기 쉽다.

진수가 받는 돈은 3억 3,000만 원이다. 대단한 돈이다. 그런데 동생이 받는 5억 4,000만 원에는 미치지 못한다. 진수도 복리 덕분에 엄청나게 많은 이자를 벌었지만, 동생에 비할 바 아니다. 저축 총액보다 더 중요한 건 저축 기간이다. 저축 기간이 길어야 복리의 힘을 제대로 누릴 수 있다.

💰 지금 당장 푼돈부터 모으자

부자가 되는 방법에 관한 책이 쏟아진다. 그런데 막상 책을 열어보면 별 내용이 없는 경우가 많다.

부자가 되는 방법은 의외로 가까이 있다. 비결도 간단하다. 돈을 조금이라도 아껴서 일찍부터 저축을 시작하면 된다. 하루에 5천 원씩 저축하는 건 그리 부담스러운 금액이 아니다. 간식을 덜 먹는 걸로도 충분한 금액이다. 이렇게 모은 푼돈을 매년 5%의 복리 상품에

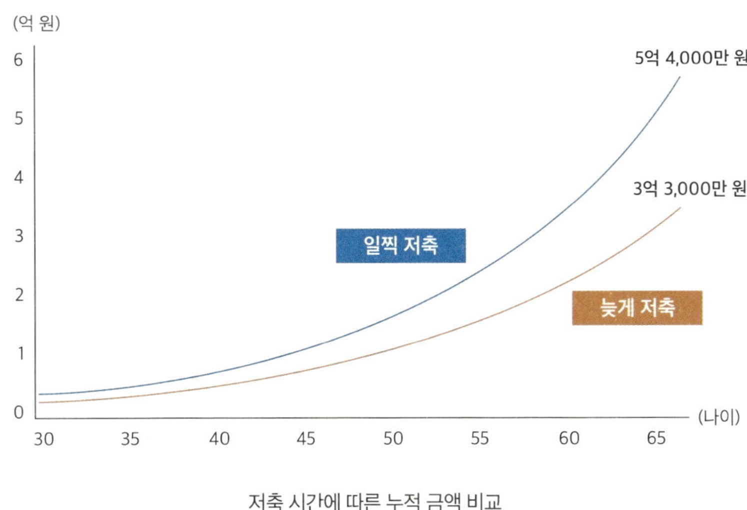

저축 시간에 따른 누적 금액 비교

넣으면 30년 후에는 1억 원이 훌쩍 넘을 것이다. 40년 후에는 2억 4,400만 원으로 불어난다. 적은 금액이라도 일찍부터 꾸준히 저축하면 1억 원 정도는 충분히 모을 수 있다.

"복리는 세계의 여덟 번째 불가사의다."

아인슈타인이 한 말이라고 하는데, 사실 정확히 알려진 바는 없다. 누가 말했든 간에, 복리의 힘이 대단하다는 뜻이다.

결국 복리를 이해하고 복리를 활용하는 사람은 돈을 번다. 복리를 실천하지 못하는 사람은 상대적으로 손해를 본다. 여러분은 어떤 사람이 되고 싶은가?

9

물가가 중요하다고?

명목 금리와 실질 금리

돈은 거래를 매개하는 역할도 하지만, 가치를 저장하는 역할도 한다. 사람들이 돈을 보유하는 이유는 미래에 필요한 물건을 구매하는 목적도 크다. 미래 소비에 대비해 지금 그 가치를 저장해 두는 것이다.

그런데 문제가 있다. 돈은 시간이 흐를수록 가치가 점점 떨어지기 때문이다. 이는 물가 탓인데, 물가가 많이 오를수록 돈의 가치가 하락하는 속도가 빨라진다. 그래서 작년에는 살 수 있었던 붕어빵을 올해는 같은 돈으로 살 수 없는 상황이 발생한다.

가치를 저장하는 수단으로는 돈 말고 다른 게 낫다. 예를 들면 금이 있다. 금은 가치 상승을 기대할 수 있다. 부동산이나 가상자산도 가격이 오른다. 물가 상승률보다 더 빠른 속도로 올라 실질 가치가 증가하는 경우가 많다.

그렇다면 은행에 있는 저축은 어떨까? 은행이 원금에 더해 이자를 주므로 돈의 가치를 충분히 지킬 수 있을 것이라고 가볍게 생각하면 안 된다.

금융회사가 예금자에게 제시하는 금리를 명목 금리라 부른다. 사람들이 평소에 말하는 모든 금리는 명목 금리다. 은행의 광고 문구나 통장에 기록된 금리도 명목 금리다. 명목 금리는 그야말로 이름뿐인 금리다. 한마디로 빛 좋은 개살구다. 풀어서 설명하면, 예금한 사람은 명목 금리에 해당하는 이자를 받지만, 물가가 상승한 결과 이자와 원금의 가치가 줄어든다.

💰 패딩 사려고 저축했더니 못 산다고?

이런 경우도 발생한다. 진수가 100만 원으로 고급 패딩을 사려다가 마음을 고쳐먹고 1년 동안 저축한 뒤에 다음 해에 사기로 미뤘다. 명목 금리가 5%여서, 1년 후에 드디어 105만 원을 손에 쥐었다. 이제 진수가 이 돈을 찾아 고급 패딩을 사려고 갔더니 110만 원으로 올랐다. 진수는 이자까지 받았지만 고급 패딩을 사지 못했다. 저축한 결과 오히려 손해를 본 셈이다.

실망스러운 결과다. 한쪽에서는 저축하라고 입이 마르도록 강조하는데, 이런 일이 벌어지면 사람들은 저축할 마음이 차갑게 식는다. 그래서 정부는 물가가 많이 올랐다는 뉴스에 화들짝 놀라며, 물가 안정을 위해 팔을 걷어붙인다.

💰 금리가 마이너스일 수 있다니

중요한 것은 명목 금리와 물가 상승률의 상대적 크기다. 어느 쪽이 더 큰지에 따라 예금자가 받는 이자의 실질 가치가 양수가 될 수도, 음수가 될 수도 있다. 이자의 실질 가치를 측정하기 위해 실질 금리라는 개념이 생겨났다. 명목 금리에서 물가 상승률을 뺀 값이다.

명목 금리 10%에 물가 상승률이 8%인 경우보다 명목 금리 6%에 물가 상승률 2%인 경우가 예금자에게 더 유리하다.

명목 금리는 양수다. 만약 명목 금리가 마이너스라면 은행에 저축하는 사람이 은행에 오히려 이자를 줘야 한다. 그러면 누구도 저축하지 않을 것이다. 이와 달리 실질 금리는 제로일 수도, 심지어 마이너스일 수도 있다. 실제로 실질 금리가 마이너스가 되어 예금자의 실질 자산이 줄어들 때가 있다. 물가가 크게 오르는 시기다.

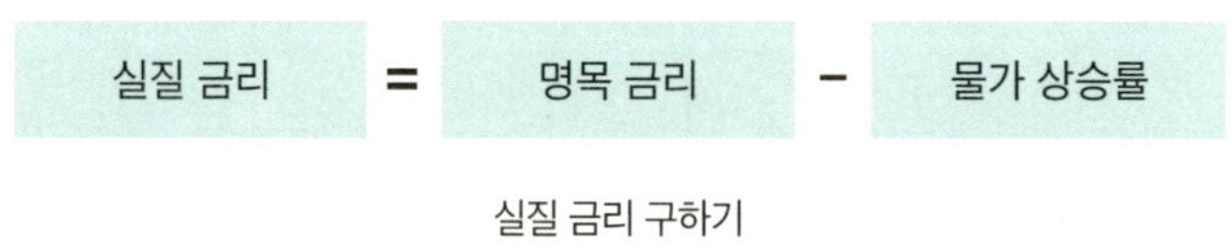

실질 금리 구하기

보유한 돈을 관리하는 데 제일의 원칙이자 기본 목표는 돈을 인플레이션으로부터 지키는 일이다. 자칫 방심하거나 게으름을 피우다가는 보유한 돈의 전체 가치가 하락해 매일 조금씩 가난해지는 불행을 피하지 못한다.

물리적으로 안전하게 금고 속에 보관한다고 해서 돈을 잘 지킨다고 생각하면 착각이다. 매시간 조금씩 돈의 가치가 줄어들기 때문이다. 따라서 어떤 방법을 활용하든, 최소한 물가 상승률만큼은 수익을 올려야 자신이 보유하는 돈의 가치를 지킬 수 있다. 각자 상황에 맞고 감당할 수 있는 돈 관리 방법을 찾아야 한다. 저축이든 투자든 말이다.

10

이자에도 세금이 있어?

비과세 상품

저축 상품이 만기가 돼 원금과 이자를 돌려받은 진수는 통장에 입금된 이자액을 보고 화들짝 놀랐다. 자신의 계산보다 훨씬 적게 입금됐기 때문이다. 은행이 수수료를 받았나 싶겠지만, 사실 세금 때문이다. 회사원이 근로소득세를 내고 기업이 법인세를 내는 것처럼, 이자를 번 진수도 이자소득세를 내야 한다. 이자는 엄연히 재산소득에 해당하며, 모든 소득에는 세금이 부과된다는 사실을 상기하자.

은행은 이자소득세를 원천 징수하고 나머지 세후 이자만 예금주에게 지급한다. 은행이 고객을 대신해서 세금을 정부에 납부해 주므로 예금주는 따로 신경 쓸 필요가 없다.

"소득 있는 곳에 세금 있다."

유명한 경제 원칙 가운데 하나다. 소득이 있는 한, 우리는 세금에서 벗어날 수 없다.

세금을 빼기 전의 이자가 세전 이자, 세금을 뺀 나머지를 세후 이자라고 한다.

진수가 가입한 정기 예금의 금리가 연 5%라고 하자. 물론 5%는 명목 금리다. 진수가 1억 원을 예금했다면 1년 후 500만(=1억×5%) 원의 세전 이자가 발생한다.

이자소득세율●은 15.4%다. 이제 이자 500만 원에 대해 77만(=500만×15.4%) 원의 이자소득세가 원천 징수된다. 진수는 이자소득세를 제외한 423만 원의 세후 이자를 손에 쥔다.

💰 세금 우대란?

이자에 대한 세금을 적게 부과하는 세금 우대 저축이 있다. 정상적인 이자소득세율 15.4%보다 낮은 세율을 적용하는 저축 상품이다. 예금자는 이자를 한 푼이라도 더 받을 수 있어서 좋다. 그래서 많은 조세 수입이 필요한 정부는 세금 우대 저축 상품에 가입할 수 있는 자격과 조건을 까다롭게 제한한다.

이자에서 세금 우대를 받으려면 신용협동조합, 농협, 수협, 새마을금고에서 판매하는 저축 상품에 가입해야 한다. 이곳의 회원이나 준조합원이 되면 3,000만 원까지의 원금에서 발생하는 이자의 소득세가 면제되며, 농어촌특별세로 1.4%만 부담하면 된다. 한 푼이 아쉬운 세상에 이자를 쏠쏠하게 챙길 수 있다. 단, 이 혜택은 1년 총급여가

이자소득세율

이자는 이자소득세 14%에 지방소득세(주민세) 1.4%가 더해져 15.4%가 원천 징수된다.

7,000만 원 이하인 사람에게만 주어진다.

더 나아가 다음과 같은 조건에 해당하는 사람은 이자에 대해 세금을 한 푼도 내지 않는 비과세종합저축에 가입할 수 있다. 만 65세 이상 국내 거주자, 독립 유공자와 그 유가족, 등록 장애인, 국민기초생활보장법에 의한 수급자이다. 1인당 5,000만 원의 저축액까지만 비과세된다.

💰 만능 통장이 있다

이처럼 좋은 비과세 혜택을 누리지 못하는 사람들은 불만이 클 수밖에 없다. 이에 정부는 저금리, 고령화 시대에 세금을 조금이라도 줄여서 국민의 재산 형성을 지원하기 위한 특별 상품을 하나 만들었다. 우리말로 개인종합자산관리계좌(Individual Savings Account)라고 하는데, 보통 ISA로 부른다.

ISA 계좌에 부은 돈으로 저축할 수도 있지만, 주식이나 펀드 투자도 가능하다. 저축 계좌와 투자 계좌를 하나로 합친 것이다. 원래 주식 투자를 하려면 저축 계좌 말고 별도의 투자 계좌를 개설해야 하는데, ISA는 둘 다 할 수 있으니 편리하다.

더욱이 돈을 운용한 결과 발생한 이자소득이나 배당소득 200만 원까지는 세금을 내지 않는다. 이처럼 투자도 가능하면서 절세 효과까지 누릴 수 있어 만능 통장이라는 별명이 붙었다. 단, 1년에 2,000만 원까지만 부을 수 있다. 일단 가입하면 의무적으로 3년을 보유해야 한다.

11

왜 내 계산보다 적을까?

적금 이자

금리는 기본적으로 1년의 기간을 전제로 한다. 그래서 정확히 표현하자면 '연 금리'인데 편의상 '연'을 생략하고 그냥 금리라고 말하는 경우가 많다.

1년보다 더 짧은 기간의 금리는 반드시 금리 앞에 기간을 명시해 '월 금리 1%'라는 식으로 표현한다. 그렇지 않으면 연간 금리로 오해받는다. 월 금리 1%는 매달 1%씩 이자가 발생하므로 1년으로 환산하면 연 금리 12%에 해당한다.

돈 100만 원을 금리 6%인 상품에 6개월근 정기 예금하면 이자가 얼마일까? 1년 동안 예금할 때 6만 원의 이자가 생기므로, 6개월 예금하면 그 절반인 3만 원의 이자를 받는다.

정기 예금의 이자를 계산하는 일은 비교적 쉽고 간단하다. 인터넷

에 있는 이자 계산기를 두드리지 않더라도 암산으로 충분히 따져볼
수 있다.

그러나 적금에 붙는 이자는 그렇지 않다. 적금에서 발생하는 이자
의 원리를 제대로 알지 못한 채 적금에 가입한 다음에 만기 때 이자
에 실망하거나 은행원에게 따지는 사람이 있다. 적금 이자를 계산하
는 원리를 모르는 탓이나. 적금 이자에도 당연히 세금이 부과되지만,
여기에서는 세금까지는 고려하지 않고 세전 이자가 계산되는 원리
를 살펴보도록 하자.

진수는 금리가 2%인 1년 만기 정기 적금에 가입해 매달 100만 원
씩 냈다. 1년 동안 총 1,200만 원을 부었으니, 만기 때 세전 이자로
24만(=1,200만×2%) 원을 받을 것으로 기대했다. 그러나 이는 진수
의 착각이다. 왜 그럴까?

적금은 한 달씩 분리해 생각해야 한다. 진수가 첫 달에 맡긴 100
만 원은 은행에 만기 때까지 12개월을 예금한다. 그러므로 이 돈에
대해서는 이자가 2만 원 발생한다.

$$1,000,000 \times 2\% = 20,000$$

진수가 다음 달에 맡긴 100만 원에도 2만 원의 이자가 발생할까?
그렇지 않다. 이 100만 원은 은행에 만기 때까지 11개월만 예금될
뿐이다. 따라서 이자는 다음과 같다.

$$1,000,000 \times 2\% \times 11/12 = 18,333$$

이런 식으로 계산하면 진수가 세 번째 달에 맡긴 100만 원에 대해서는 1만 6,667원의 이자가 붙고, 마지막 달에는 이자가 1,667원에 불과하다.

$$1,000,000 \times 2\% \times 1/12 = 1,667$$

각 달의 이자를 모두 합하면 진수가 적금에서 받는 이자는 13만 원이다. 애초에 생각했던 24만 원의 대략 절반 수준이다.

예금 기간

횟수 \ 예금 기간	1달	2달	3달	4달	5달	6달	7달	8달	9달	10달	11달	12달
1회												12/12
2회											11/12	
3회										10/12		
4회									9/12			
5회								8/12				
6회							7/12					
7회						6/12						
8회					5/12							
9회				4/12								
10회			3/12									
11회		2/12										
12회	1/12											

횟수

적금 이자 계산

💰 3% 적금이 2% 예금보다 좋은 거 아냐?

은행에서는 일반적으로 정기 예금보다 적금에 대해 더 높은 금리를 적용한다. 금리가 더 높으므로 적금에 가입하면 이자를 더 많이 받을 수 있다고 판단해 정기 예금 대신 적금에 가입하는 사람이 있는데, 이는 착각이다.

은행은 앞으로 부을 돈에 대해서는 이자를 주지 않는다. 이미 부어 은행이 받은 돈에 대해서만 예금 기간에 비례해 이자를 준다. 정기 예금은 1년 동안 돈을 맡기므로 약속한 이자를 모두 받지만, 적금은 그렇지 않다.

적금에서 받는 이자는 정기 예금에서 받는 이자보다 적다. 예를 들어, 3% 적금 이자보다 2% 정기 예금 이자가 더 많다.

12

왜 사람들이 은행으로 달려갈까?

예금자 보호 제도

잘나가던 미국 경제가 곤두박질치기 시작했다. 주식은 사기만 하면 가격이 오르고 물건은 시장에 나오자마자 팔리던 시절이 엊그제 같은데, 갑자기 상황이 돌변했다.

경기가 나빠져 부실해진 은행들이 문을 닫았고, 예금자들은 돈을 찾지 못해 발을 동동 굴렀다. 이는 곧바로 미국인을 공포의 도가니로 몰아넣었다. 은행에 넣어둔 예금을 서둘러 찾기 위해 누가 먼저랄 것 없이 앞다퉈 은행으로 달려갔다. 1930년 미국에서 벌어진 일이다.

이처럼 예금자들이 한꺼번에 은행으로 몰려가 저축한 돈을 찾는 현상을 뱅크런(bank run)●이라 한다. 대규모 예금 인출 사태가 벌어진 것이다. 뱅크런으로

> **뱅크런**
> 예금주들이 다급한 마음에 서둘러 은행으로 뛰어가는 모습에서 생겨난 용어다.

1930~1933년 미국에서는 수천 개의 은행이 파산했다.

우리나라에서도 뱅크런이 발생한 적이 있다. 2011년의 일이다. 한 저축은행이 경영 부실로 영업정지되면서, 다른 저축은행에 돈을 맡긴 예금자들이 불안감을 느꼈다. 그렇게 저축한 돈을 서둘러 찾으려는 예금자들이 대거 저축은행으로 몰려들었다.

정부가 염려할 것 없다며 예금자들을 진정시키려 했지만 역부족이었다. 그리고 몇 개의 저축은행이 추가로 파산했다. 평생 모은 돈을 은행에 맡긴 어르신들이 발을 동동 굴렀다.

💰 근거 없는 두려움이 문제야!

왜 이런 일이 벌어졌을까? 은행은 고객들이 예금한 돈을 고스란히 금고에 쌓아두지 않는다. 돈이 필요한 기업이나 개인에게 빌려주고 대출 이자를 받는다. 그래서 은행 금고에는 돈이 많이 남아 있지 않다.

평소보다 훨씬 많은 사람이 한꺼번에 예금을 찾으려 하면, 아무리 경영이 튼튼한 은행이라도 내줄 돈이 없다. 평소에 사람들이 은행을 신뢰할 때는 문제가 되지 않지만, 은행에 대한 믿음이 무너져 불안감과 공포심이 형성되면 분위기가 급반전해 뱅크런이 발생할 수 있다.

사람들의 불안 심리는 전염병보다 전염 속도가 빠르다. 그리고 두려움은 공황 상태로 이어진다. 1930년대 미국의 제32대 대통령인 루스벨트 대통령이 연설에서 "우리가 두려워해야 할 건 두려움 그 자체다"라고 말하며, 국민에게 두려워하지 말라고 설득한 이유가 여기에 있다.

그러나 한 번 돌기 시작한 두려움이라는 전염병은 대통령의 말로도 쉽게 잡히질 않았다. 좀 더 근본적이고 확실한 처방이 필요했다.

미국이 내놓은 비장의 카드가 예금 보험이다. 은행이 파산하면 정부가 대신 예금을 지급해 줄 테니 염려하지 말라는 취지다. 예금 보험이 도입되자 미국에서 뱅크런 현상이 진정됐고, 이후 세계 각국은 미국을 따라서 예금 보험 제도를 도입하기 시작했다.

우리나라에서 예금 보험을 담당하는 기구는 예금보험공사다. 평소에 은행을 비롯한 금융회사는 예금보험공사에 보험료를 낸다. 예금보험공사는 이 보험료를 차곡차곡 쌓아뒀다가, 어느 금융회사가 예금을 지급할 수 없는 상태가 되면 대신 예금을 지급해 준다. 금융회사에 심각한 문제가 생겨도 정부가 보장해 주니, 예금을 돌려받지 못할 거란 염려를 하지 않아도 된다.

13

어디가 안전해?

BIS 비율

십수 년에 걸쳐 모은 8,000만 원을 평소 거래하는 은행에 저축해 놓은 진수는 문득 불안해졌다. 예금자 보호 제도가 있는 건 알겠는 데, 8,000만 원을 모두 돌려받을 수 있을까? 수억 원을 예금한 사람도 예금자 보호의 혜택을 받을 수 있을까?

예금자 보호 제도를 통해 정부가 보장하는 금액에는 한도가 있다. 예금자 1인당 이자를 포함해 최고 1억 원까지만 보장해 준다. 원래는 1인당 5,000만 원까지였는데, 2025년 9월부터 1억 원으로 늘어났다. 그래서 진수의 돈은 모두 보호받는다.

예금할 돈이 1억 원보다 많은 사람은 고민일 것이다. 그래도 길은 있다. 예금 보장 한도는 한 사람당, 그리고 한 금융회사당 적용된다. 그러니 여러 금융회사에 분산해서 예치하면 된다. 모든 금융회사가 동시에 파산해도 각각 1억 원씩 보장받을 수 있다. 이 정도면 보통 사람으로서는 사실상 무한정 보장받는 셈이다.

여기서 한 가지 궁금증이 생긴다. 아예 보호 한도를 없애고 무한정 보장하면 예금자가 더 좋아하고 보험의 역할을 더 튼튼하게 할 수 있을 텐데, 왜 그러지 않을까? 너무 야박한 건 아닐까?

이는 경제학자들이 '도덕적 해이(moral hazard)●'라고 부르는 현상을 예방하기 위해서다. 만약 정부가 예금을 무한정 보장해 주면, 예금자는 우량하고 안전한 금융회사를 찾아 저축하려 노력하지 않는다. 한 푼이라도 이자를 더 주는 금융회사에 돈을 맡기면 그만이다. '만약 문제가 생겨도 정부가 예금을 모두 돌려주니까'라고 안이하게 생각할 것이다.

예금을 보호해 주되 그 부작용을 줄이기 위해 정부는 보호 한도를 설정했다. 다른 나라도 보호 한도를 두고 있는데 미국은 25만 달러(약 3억 6,000만 원), 일본은 1,000만 엔(약 9,500만 원)이다.

💰 처음부터 안전한 데로 가려면

예금자 보험 제도가 있다고 해도, 이왕이면 안전한 은행을 찾아 거래하는 게 최선이다. 그러면 보호 한도 같은 건 신경 쓸 필요가 없다. 자연스럽게 궁금증이 생긴다. 어떤 은행이 안전할까?

은행의 안전성을 살필 때 고려하면 좋은 지표가 하나 있다. BIS(Bank for International Settlements)●가 제시한 BIS 비율로, 은행의 자기자본 비율을 계산한 것이다.

BIS 자기자본 비율은 어느 금융회사가 얼마나 안전한지 객관적으로 측정하는 국제 지표로 널리 쓰이고 있다. 우리나라는 이 비율이 12% 이상이 되도록 권고한다. 말이 좋아서 권고지, 이 기준을 맞추지 못하면 국제 금융 거래를 제대로 하지 못한다는 점에서 실제로는 의무 사항이다.

그러니 돈을 맡길 금융회사를 선택할 때, BIS 비율이 12%를 넘는지 확인해서 해당 금융회사가 안전한지를 파악하도록 하자. 개인이 굳이 이 비율을 계산하지 않아도, 모든 금융회사는 홈페이지에 BIS 비율을 의무적으로 공시하고 있다.

💰 손가락 몇 번 움직이면 은행에 달려가는 셈

정부가 아무리 제도를 잘 만들어놓아도 뱅크런은 일어날 수 있다. 금융회사가 부실해지고 그곳에 예금한 사람들이 불안감을 느껴 돈을 찾으려는 심리가 작동한다면 언제든 일어난다.

모바일 뱅킹이 주를 이루는 요새는 예금 인출 사태도 순식간에 이뤄진다. 은행에 달려가 번호표를 뽑고 대기할 필요도 없다. 모바일 기기를 열고 손가락 몇 번 누르면 수만, 수십만 명이 돈을 다른 은행으로 옮길 수 있다. 이를 디지털 뱅크런이라 한다.

디지털 뱅크런은 예금의 인출 규모와 인출이 진행되는 속도가 이전과는 비교할 수 없는 수준이다. 정부가 국민을 안심시키거나 대책을 세울 시간조차 없을 정도로 순식간에 일어난다.

가장 좋은 방법은 금융회사가 부실해지지 않는 것이다. 건전한 경
영으로 예금자들의 불안 심리가 발동하지 않게 한다면 디지털 뱅크
런이든 뱅크런이든 일어날 일이 없다.

작전명 'SMART' 저축

미국에서 건국의 아버지로 불리며 100달러 지폐에 얼굴이 들어가 있는 사람이 있다. 벤저민 프랭클린(Benjamin Franklin)이다. 자수성가한 미국인으로 가장 먼저 언급되는 사람으로, 지금도 많은 미국인의 존경을 받는다.

그의 성공 비결은 철저한 자기 관리였다. 다음은 돈과 저축에 대한 그의 생각을 잘 드러낸 말이다.

"한번 심어둔 돈은 스스로 몸집을 불리는 법이다. 이것이 반복되는 게 돈이 지닌 재주다. 돈의 액수가 클수록 더 많은 돈을 불러들여, 빠르게 늘어난다. 종잣돈을 없애는 사람은 새끼를 낳는 어미 돼지를 죽이는 것과 같다. 앞으로 태어날 수백, 수천의 새끼 돼지를 죽이는 행위다."

저축이 중요하다는 사실을 알면서도 정작 저축을 실천하고 목표를 달성하기는 쉽지 않다. 그래서 저축 목표 달성을 위한 도움말이 많다.

이 가운데 스마트(SMART)한 저축 요령이란 게 있다. 영어 단어 Specific(구체적인), Measurable(측정할 수 있는), Attainable(이룰 수 있는), Relevant(적절한), Time-bound(시간 제한이 있는)의 앞 글자를 딴 이름이다.

Specific은 목표를 명확하게 정하는 것이다. '저축해야지' 하는 막연한 결심보다는 저축 목표와 저축액을 구체적으로 정한다. 배낭여행, 태블릿 구매 등 구체적인 목표가 있을 경우 돈을 모으는 동기가 유지되기 때문이다. 금액도 막연히 '많이 해야지' 하기보다는 100만 원 등 구체적으로 정할 때 목표를 효과적으로 달성할 수 있다.

Measurable은 저축액이 얼마인지 계산하는 것이다. 매주, 매달 얼마나 저축하기를 원하는지, 그리고 목표 달성을 위한 저축액이 어느 정도 진전되었는지 꼼꼼하게 계산하라는 말이다.

Attainable은 정한 목표가 달성 가능한지 확인하는 것이다. 수립한 목표와 저축액이 자신의 소득이나 예산 범위로 가능한지 확인한다. 자신의 소득으로 도저히 실천할 수 없는 저축액이라면 애초부터 저축 계획이 불가능하기 때문이다.

Relevant는 자신에게 적합한 목표를 고르는 것이다. 저축 목표도 달성하기 쉬워진다. 인생에서 별 의미 없는 목표라면 저축 동기와 목표를 달성하려는 의지가 약해진다.

Time-bound는 저축 시작과 목표 달성 시기를 정하는 것이다. 목표한 저축액에 도달할 수 있는 합리적인 기간을 설정해야 목표 달성에 도움이 된다.

결국 구체적이고 계획적이고 현실적인 저축 계획이 바람직하다는 말이다. 그래야 소비를 자발적으로 조절하겠다는 동기도 생긴다.

스스로 해냈다는 성취감을 맛보면, 새로운 성취를 위한 도전 정신도 생긴나. 성취감이야말로 돈을 만드는 가장 우수한 밑거름이다.

4장

투자로 수익을 남기려면?

재물을 얻는 데에는 큰 도리가 있다.
—『대학』 중

왜 스스로 위험을 선택할까?

투자

왜 사람들은 손실 위험을 무릅쓰고 투자하다가 소중한 자산을 날릴까? 저축으로만 돈을 관리하면 안 될까?

저축은 돈을 안전하게 확보하면서도 덤으로 이자를 얻으므로 돈을 불리기 위한 가장 기본적인 돈 관리 방법이다. 이자도 확정되어 있어서 돈이 얼마나 불어나는지 확실하게 알 수 있다는 장점도 있다. 다만 저축 상품의 경우 금리가 비교적 높지 않은 편이어서 돈을 크게 불리는 데는 한계가 있다.

그런데 사람의 욕심에는 끝이 없다. 이왕이면 돈을 더 많이, 더 빨리 불리고 싶어 한다. 이런 욕구를 충족하는 방법의 중심에 투자가 있다. 미래에 가격이 오를 것으로 예상하는 것을 구매한 후, 실제로 가격이 올라가면 되팔아 차익을 남기는 원리다.

사람들이 투자에 관심을 보이는 제일 큰 이유는 잘만 선택하면 기대 수익에 상한이 없다는 점이다. 대박을 기대할 수 있다. 짧은 기간에 큰돈을 벌 수 있다. 이것이 투자의 밝은 면이다.

🪙 피하는 위험, 택하는 위험

양지가 있으면 음지가 있는 법이다. 돈 불리는 영역에도 이 세상 진리는 통한다. 경제학에서는 이를 "공짜가 없다"라고 표현한다.

투자의 어두운 면은, 저축과 달리 위험이 동반한다는 점이다. 예상과 달리 가격이 내려가면 손실을 보고 원금이 줄어든다. 돈을 불리기는커녕 쪼그라들고, 자칫 전 자산을 날릴 수도 있다. 매우 위험한 돈 관리 방법이다.

위험에 해당하는 영어 단어로 'danger'와 'risk'가 있다. 'danger'에 해당하는 위험은, 친구들과 놀다가 피부에 상처가 나거나 눈길을 걷다가 넘어져 부상을 당하는 일 등이다. 금융에서 말하는 위험은 'risk'에 해당한다. 돈이나 자산이 향후 늘어날지, 줄어들지 정확히 알 수 없는 불확실성이 존재하는 상태를 말한다.

전자의 위험은 피하는 게 상책이다. 그러나 후자의 위험은 자발적으로 택하기도 한다. 차이가 이해되는가?

투자는 분명히 위험하다. 때로는 지극히 위험하지만, 관리할 수도 있다. 위험하다고 무작정 외면하는 것은 현명하지 못하다.

위험을 관리할 능력도 없으면서 고수익을 기대하고 투자에 무모하게 뛰어드는 건 매우 어리석다. 관리 능력을 쌓으면서 관리가 가능한 범위 안에서 위험한 투자를 '택해' 본인의 자산을 불리려 노력해야 한다.

영어 'risk'는 '위험을 무릅쓰다'라는 의미의 이탈리아어 'risicàre'에서 유래했다고 한다. 위험을 무릅쓰려면 용기가 필요하다. 사귀고 싶은 상대가 있다면, 데이트 신청을 했다가 거절당할지 모르는 위험을 감수해야 한다. 용기를 내서 데이트를 신청하지 않으면 사귈 기회 자체가 없다. 아무것도 하지 않으면 아무 일도 일어나지 않는다.

💰 투자 상품에는 뭐가 있지?

가격 상승을 기대하고 사람들이 구매하는 것이 투자 상품이다. 투자 상품의 종류는 무궁무진하다. 가격 변동이 있고 가격을 예측하기 힘든 물건이라면 무엇이든 투자 상품이 될 수 있다.

투자 상품으로 제일 먼저 떠오르는 건 주식과 부동산(아파트)인데, 현재 제일 보편적인 투자 대상이다. 물론 채권에 투자하는 사람도 많다. 세계 경제가 요동치고 불확실성이 커질 때마다 안전한 자산의 상징인 금이 귀해진다. 그래서 금 투자도 인기다. 비슷한 논리로 안전 자산인 미국 달러에 투자하는 사람도 있다.

미술품이나 골동품뿐 아니라 커피, 옥수수 같은 농산물도 투자 대상이다. 코인, NFT 같은 가상자산은 비교적 최근에 새로 등장한 투자 상품이다. 코인이나 NFT에 대해선 뒤에서 다룰 것이다.

돈을 불리기 위해 가격이 오를 것으로 예상하는 걸 사는 행위가 투자라고 했는데, 이 책에서 말하는 투자는 모두 이런 의미다. 그런데 투자에는 다른 뜻이 하나 더 있다. 기업이 공장을 짓거나 기계 같은 생산 설비를 갖추는 행위도 투자라고 부른다.

투자의 두 가지 의미를 명확하게 구분하려고 전자를 금융 투자, 후자를 실물 투자로 정의하기도 한다. 그렇지만 금융 투자란 말이 다소 생소하고, 이 책에서는 전적으로 금융 투자만을 다루고 있으므로 투자라고만 한다.

회사와 동업한다니?

주식

돈이나 투자를 말할 때 사람들이 빼놓지 않고 언급하는 게 주식이다. 주식이라는 말을 모르는 사람은 없을 것이다. 그런데 정작 "주식이 뭔데?"라고 질문하면 제대로 답하지 못한다. 도대체 주식이 무엇이기에 자본주의 꽃이니 근대 경제의 최고 발명품이니 하는 평가를 들을까?

주식이 등장한 중세로 거슬러 가보자. 이른바 대항해 시대다. 유럽인들은 중국, 인도, 아메리카 등지로 신항로를 개척해 무역하면서 막대한 돈을 벌 기회를 얻었다. 문제는 길고도 험한 장거리 항해에 성공하려면 대규모 선단을 꾸려야 하고, 그러려면 막대한 돈이 필요했다는 점이다. 몇몇 부자가 감당할 수 있는 수준이 아니었다.

이때 부담을 분담하자는 아이디어가 제시됐다. 부자들을 포함해 많은 사람으로부터 돈을 투자받고 장거리 무역에서 발생한 이익을 투자한 돈에 비례해 돌려주자는 아이디어다. 여기에 돈을 투자한 사람은 금액만큼 권리를 표시한 증서를 받았다. 이것이 세계 최초의 주식회사, 네덜란드 동인도회사의 주식이다. 자신이 투자한 몫이나 지분을 의미하는 영어 'share'가 주식을 뜻하게 된 것도 이 때문이다.

💰 주식 투자는 사업 자본금을 대주는 것

진수는 회사를 운영할 생각이다. 사업 아이템은 좋은데, 문제는 돈이다. 필요한 사업 자본금●을 조달하는 방법에는 세 가지가 있다.

첫째, 금융회사에서 대출받는다. 회사의 신용을 바탕으로 대출받기도 하지만, 대개는 담보가 있어야 한다. 그래서 담보가 없는 회사는 대출이 그림의 떡이다.

둘째, 여윳돈이 있는 사람들로부터 회사가 직접 돈을 빌리는 방법이 있다. 주변의 지인으로부터 돈을 빌리거나, 인지도가 있는 회사라면 모르는 사람을 대상으로 공개적으로 돈을 빌릴 수 있다. 회사는 빌린 돈에 대해서 원금뿐 아니라 약속한 이자를 준다.

셋째, 돈이 있는 동업자를 구하는 방법도 있다. 그리고 돈을 투자한 동업자에게 증서로 주식을 발행해 준다. 네덜란드 동인도회사가 했던 것처럼 말이다.

자본금

주식회사 등이 주식을 발행해 조달한 자금의 총액이다. 회사의 근간이 되는 가장 근본적인 자금이다.

세 번째 방법을 선택한 진수는 돈을 대줄 동업자들을 여러 명 확보하고 주식을 나눠줬다. 주식을 받은 사람들은 동업자이므로, 이자를 받지 않는 대신 사업에서 발생한 이익을 분배받는다. 그러므로 얼마를 돌려받을지 미리 알지 못한다. 이익이 많이 발생하면 많이 분배받지만, 손실이 발생하면 빌려준 돈에 손실이 생길 수도 있다. 말 그대로 회사와 한 몸이 된 셈이다.

이제 주식이 무엇인지 감이 올 것이다. 주식은 회사의 소유권 또는 지분을 표시하는 증서다. 그래서 주식을 주권이라고도 부른다.

주식을 발행해 사업에 필요한 자본금을 조달하는 회사가 주식회사다. 주식회사는 익명의 다수로부터 조금씩 돈을 투자받는다. 대규모 자본금을 조달하기 쉽기 때문에 우리가 아는 큰 규모의 회사는 거의 다 주식회사다.

어느 회사의 주식을 보유한 사람은 회사의 주주가 된다. 주주들이 모여 중요한 의사결정을 하는 회의가 주주총회, 줄여서 주총이다.

투자한 돈에 따라 목소리를 낸다

만약 주식 한 장이 5,000원을 나타낸다면, 자본금 100억 원인 주식회사를 설립하려면 총 200만(=100억÷5,000) 주의 주식을 발행해야 한다. '주'는 주식을 세는 단위다. 이 가운데 절반을 창업자가 부담한다면, 창업자는 발행 주식의 50%에 해당하는 100만 주를 보유한다. 1억 원을 투자한 사람은 1%에 해당하는 2만 주를, 1,000만 원을 투자한 사람은 0.1%에 해당하는 2,000주를 보유한다.

이처럼 주주는 투자한 금액에 해당하는 만큼의 주식을 받고, 그 몫만큼 주식회사를 소유한다. 그래서 1주만 보유해도 어엿한 주주다. 주주총회에서 낼 수 있는 목소리의 크기는 보유 주식 수에 비례

한다. 주식 1%를 보유한 주주는 전체 투표권 가운데 1%를 갖는다. 철저하게 돈의 논리가 지배한다. 그러므로 발행 주식을 많이 보유한 대주주가 그 회사를 지배할 힘을 갖는다. 소량의 주식을 보유한 주주는 소액주주라 부른다.

🪙 책임도 자기 몫만큼만

오늘날 주식회사가 크게 발전하고 수많은 사람이 주식을 사서 주주가 되는 데는 유한 책임이라는 제도가 큰 역할을 한다. 책임이 제한적이라는 뜻이다. 유한 책임을 이해하기 전에 먼저 개인회사를 생각해 보자.

개인회사를 경영하다 커다란 빚을 지면, 신의성실의 원칙에 따라 집이나 재산을 팔아서라도 빚을 끝까지 갚아야 한다. 이것을 무한 책임이라 한다. 사업하는 사람으로선 온 가족이 길거리로 내몰릴 수 있으니 가장 두려워하는 순간이다.

주식회사는 이와 다르다. 회사가 잘못돼 빚을 진 채 파산하더라도 주주는 자신이 투자한 돈, 즉 주식만 포기하면 그만이다. 더 이상 갚을 책임이 없다. 이것이 유한 책임이다.

주식에도 메이저리그와 마이너리그가 있다고?

주식시장

주식 투자엔 만기가 없다. 주식회사가 사업을 계속하는 한, 주주와 주식회사는 한몸이 되어 관계가 계속 유지된다.

하지만 주주가 변심할 수 있다. 갑자기 돈이 필요해지거나 회사의 장래를 믿을 수 없는 경우다. 그렇다면 자신이 투자한 돈을 회수하고 싶을 것이다. 어떻게 해야 할까? 해당 회사에 가서 주식을 줄 테니 자신이 출자한 자본금을 돌려달라고 할까? 그러나 주식회사에서는 이런 요구를 들어주지 않는다. 한번 투자한 돈은 영원히 회수하지 못하는 걸까?

이런 경우를 대비해 주식을 다른 사람에게 팔 수 있는 주식시장을 만들었다. 특정 주식회사와 주주 관계를 끊고 싶은 사람은 회사를 통해 돈을 회수하는 게 아니라, 주식시장에서 다른 사람에게 주식을 팔아 돈을 회수하면 된다.

만약 주식회사가 인기가 좋아 주식을 사려는 사람이 많다면 투자했을 때보다 가격이 비싸졌을 것이고, 주식을 팔면 시세 차익을 얻는다. 반대로 인기가 없다면 가격이 싸졌을 것이며, 주식에서 손실을 기록한다.

주식시장의 맏형과 동생

자본금이 몇 조 원인 세계적인 회사부터 몇천만 원에 불과한 작은 회사에 이르기까지 다양한 규모의 주식회사가 있다. 회사는 가치, 수익성, 성장성 등이 천차만별로 다르다. 만약 이 모든 주식을 하나의 시장에서 거래한다면 수도 많거니와 불량 기업도 섞여 있어 피해가 속출할 수 있다.

그래서 정부는 까다로운 자격 요건을 충족하는 비교적 우량한 기업의 주식만 거래할 수 있는 주식시장을 열었다. 이것이 유가증권● 시장, 코스피(KOSPI) 시장이다. 우리나라를 대표하는 주식시장이라 할 수 있다.

정부가 정한 기준을 충족해 유가증권 시장에서 주식을 거래할 수 있는 주식회사를 상장 기업이라고 부른다. 상장(上場)은 주식시장에 주식을 올린다는 뜻이다.

상장 기업이 되면 기업의 인지도가 높아지며 주식시장에서 새 주식을 발행해 자본금을 추가로 확보하기 쉽다는 이점이 있다. 그 대신 기업 실적을 주기

유가증권

증권 가운데 가격이 형성되어 있어 시장에서 사고파는 게 가능한 증권이다. 주식과 채권은 증권 가운데서도 유가증권에 해당한다.

적으로 투명하게 공개하고 새 소식을 정확하게 알려야 하는 등 정부가 요구하는 몇 가지 의무 사항을 준수해야 한다.

맏형이 있으면 동생도 있다. 유가증권 시장에 진입하기 위한 상장 조건을 충족하지는 못하지만, 기술력과 잠재력이 있는 유망 기업도 분명히 있다. 이런 기업들은 의욕적으로 사업을 펼치려 해도 상장 기업이 아니라는 이유로 시장에서 주식 발행을 통해 자본금을 확충하기 어렵다.

그래서 정부는 별도의 시장을 만들었다. 기준을 조금 완화하는 대신 유가증권 시장과 차별화된 시장을 만들어 유망 기업들이 자금을 조달할 수 있도록 길을 터준 것이다.

이렇게 1996년 문을 연 시장이 코스닥(KOSDAQ)이다. 유가증권 시장에 상장하기에는 규모가 작은 기업, 벤처기업, IT 관련 기업의 주식이 주로 코스닥 시장에서 거래된다.

코스닥이라는 다소 기이한 이름은 미국에서 유래했다. 미국이 1971년에 비슷한 성격의 시장을 세계 최초로 개설하면서 시장 이름을 나스닥(NASDAQ)으로 정했다. 일본은 미국에 이어 1976년에 자스닥(JASDAQ) 시장을 개장했다.

두 주식시장을 오가다

주식시장을 프로야구에 비유한다면, 유가증권 시장이 메이저리그, 코스닥 시장이 마이너리그에 해당하는 셈이다.

마이너리그에도 숨은 보석 같은 선수가 있어 메이저리그로 옮기기도 하고 반대로 메이저리그 선수가 마이너리그로 이동하는 것처럼, 주식시장에서도 기업들은 성장과 쇠퇴에 따라 두 시장을 오간다. 실제로 유가증권 시장에 들어갈 자격이 충분한데도 코스닥 시장을 선택해서 남는 회사도 있다. 중요한 것은 어느 시장에 소속되어 있느냐가 아니라 회사의 재무 상태와 성장 잠재력이다.

일반적으로 코스닥 시장에 있는 기업은 규모가 작은 대신, 미래의 성장 잠재력이 높다. 회사를 잘 고르면 매우 높은 수익률을 얻을 수 있다는 뜻이다. 물론 실패할 위험도 크다. 그래서 코스닥 시장의 주식들은 일반적으로 수익성과 위험성이 모두 높은 특징을 보인다. 이에 비해 유가증권 시장의 주식은 상대적으로 위험이 적고 수익성이 낮다.

주식을 사려는 사람은 자신의 투자 성향에 따라 어느 시장의 주식에 투자할 건지 고민해야 한다. 위험이 따라도 수익률을 높이고 싶은 사람은 코스닥 시장에 속한 주식을, 비교적 위험이 적은 투자를 선호하는 사람은 유가증권 시장에 속한 주식을 고르는 식이다.

주식을 어떻게 살까?

주가지수와 증권회사

주식시장에서는 2,500개가 넘는 종목●이 거래된다. 많은 종목의 주가는 일률적으로 올라가거나 내려가지 않아, 올라가는 종목과 내려가는 종목이 모두 존재한다. 이때 주식시장 전체를 놓고 보면 주가가 오름세인지 내림세인지 파악하기 어렵다.

이때 주식시장의 전체 시황을 한눈에 파악하고 분석할 수 있는 주가지수를 보면 된다. 주가지수가 전날에 비해 올라가면 주식시장이 강세, 내려가면 약세, 별 차이가 없다면 보합세라고 말한다.

> **종목**
>
> 주식시장에서 거래되는 주식에 붙이는 고유한 명칭으로, 보통 주식을 발행한 회사 이름과 같다. 이를테면, 삼성전자, LG에너지솔루션이 종목이다.
>
> 그런데 한 회사가 한 종류 이상의 주식을 발행하기도 하므로 주식시장 전체의 종목 수는 상장 회사 수보다 많다. 예를 들어, 삼성전자 회사는 삼성전자와 삼성전자우의 2개 종목을 발행했다. 이름 옆의 '우'는 우선주를 뜻한다.

💰 별의별 주가지수가 다 있네

주가지수에도 종류가 많다. 우리나라를 대표하는 주가지수 이름은 코스피(KOSPI) 지수로, 유가증권 시장에서 거래되는 모든 주식을 토대로 계산한다. 1980년 1월 4일, 코스피 지수 100으로 처음 작성하기 시작했다. 오늘 코스피 지수가 3,000이라면 1980년 1월 4일부터 오늘까지 유가증권 시장이 평균 30배 성장했다는 뜻이다.

코스닥 시장에는 코스닥 지수가 있다. 이외에도 목적에 따라 여러 주가지수를 작성하거나 발표한다. 코스피 종목 200개만을 모아 작성한 KOSPI 200 지수, 코스닥 시장의 IT 기업만으로 작성한 코스닥 IT 지수 등이다. 유가증권 시장과 코스닥 시장을 구분하지 않고 상위 100개의 기업만으로 구성한 주가지수 이름은 KRX 100이다.

각국은 저마다의 방식으로 주가지수를 구하고 이름을 붙인다. 미국 주식시장의 상황을 대표하는 주가지수 이름은 다우존스(Dow Jones), S&P 500 등이다. 일본에는 니케이(Nikkei) 지수, 중국에는 상해 종합지수가 있다.

💰 빨갛고 파란 이유

주가지수를 보면 빨간색이거나 파란색이다. 색깔이 왜 달라질까? 무엇을 기준으로 색깔을 정하는 걸까?

우리나라에서는 주식시장이 강세를 보여 전날보다 주가지수가 올라가면 빨간색으로 표시한다. 반대로 주가지수가 전날보다 하락하면 파란색으로 표시한다. 주가지수를 자세히 들여다보지 않더라도 색깔만으로 간편하게 시장의 상황을 관찰할 수 있다. 개별 종목의 주

가도 마찬가지다.

수학에서 보통 증가는 +로, 감소는 −로 나타낸다. 주식시장에서는 이보다 더 분명하게 드러내기 위해 주가가 상승하면 가격 상승분 앞에 빨간색 삼각형(▲), 주가가 하락하면 가격 하락분 앞에 파란색 역삼각형(▼)으로 표시한다.

증권회사의 고유 업무

주식에 투자하려면 어떻게 해야 할까? 금융회사의 대표라 할 수 있는 은행에 가서 문의하면 될까? 아니다. 금융회사에 여러 종류가 있고, 각 금융회사는 고유의 업무를 담당한다.

주식을 거래하려면 증권회사를 찾아가야 한다. 주식이나 채권 거래를 중개하는 목적에서 탄생한 금융회사가 증권회사다.

증권회사는 거래를 위한 전산망을 구축하고, 거래 프로그램이나 애플리케이션을 개발한다. 투자자는 프로그램이나 모바일 애플리케이션을 통해 주식을 거래할 수 있다.

물론 공짜는 아니다. 주식 거래를 중개해 주고 상장 기업의 재무 구조나 미래 전망 등에 대한 정보를 제공해 주는 대가로 수수료를 받는다. 이것이 증권회사의 수익원이다.

투자자가 주식을 거래할 때마다, 투자자는 손실을 보더라도 금융회사는 수수료를 챙긴다. 수수료는 이익에 대해서가 아니라 주식 거래를 도와주는 서비스에 대한 대가이기 때문이다.

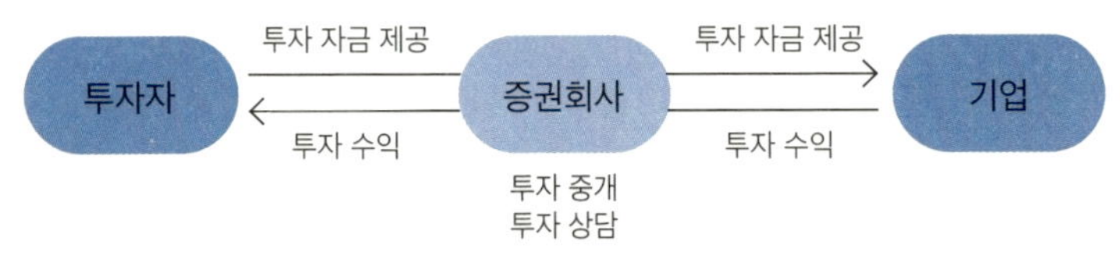

증권회사의 중개 역할

증권회사를 선택할 때 제일 중요한 요인은 거래 수수료다. 증권회사마다 받는 수수료가 다르기 때문이다. 지점 없이 비대면으로만 거래하는 인터넷 전문은행이 있는 것처럼, 증권회사에도 인터넷이나 모바일로만 영업하는 곳이 있다.

선택한 증권회사에서 자신의 이름으로 계좌를 개설하고 투자 자금을 이체한다. 비대면 계좌 개설도 가능하다. 이후 해당 증권회사의 애플리케이션을 이용해 바로 주식 거래를 시작할 수 있다.

투자자가 주식을 사면 집으로 배달될까? 아니다. 지금은 디지털 시대여서 종이에 인쇄한 주식은 발행하지 않는다. 대신 전자 문서로 발행되어 주주의 이름과 보유량 등 정보가 전산망에 기록된다.

주식으로 돈 버는 방법은?

시세 차익과 배당금

사람들은 주식이 자본주의 경제의 중추적 역할을 한다든지, 기업이 크게 성장하는 밑거름이 된다든지와 같은 경제적 의의 때문에 주식에 관심을 두기보다는, 돈을 벌기 위한 수단으로서 관심을 가진다. 주식으로 어떻게 돈을 버는 것일까?

바로 시세 차익이다. 싸게 사서 비싸게 팔면 된다. 예를 들어 1만 원에 산 주식을 1만 2,000원에 팔면 2,000원의 이득을 얻는다. 수익률이 20%로, 예금 금리보다 훨씬 높다.

주식 투자에서 기대할 수 있는 이득에는 배당금이란 것도 있다. 배당금은 회사가 벌어들인 이윤 가운데 일부를 주주들에게 나누어 주는 돈이다. 자본금을 출자한 데 대한 보상인 셈이다. 보유 주식 수에 비례해 배당금을 받는다.

물론 주식에 투자한 돈은 보장되지 않는다. 주가가 급락하면 손실을 보고, 심한 경우 회사가 파산해 주식이 휴지 조각이 될 수도 있다. 그래서 주식은 투자하기에 매우 위험한 수단이다. 남들이 주식으로 돈을 벌었다고 해서 섣불리 달려들었다가는 큰코다치기 십상이다.

주식 투자에서 침팬지와 사람이 대결하면 누가 이길까? 무슨 말인가 싶겠지만 한 연구자가 진행한 흥미로운 실험이다. 침팬지와 사람 가운데 누가 더 높은 수익률을 거두는지를 실험한 것이다. 침팬지에게는 상장 기업의 이름이 적힌 공을 주고 그 가운데 몇 개를 고르게 하거나 다트를 던지게 했다. 말 그대로 아무 회사나 무작위로 고른 것이다.

사람은 본인이 판단해 투자할 회사를 고르게 했다. 그리고 6개월이나 1년이 지난 후에 어느 쪽 수익률이 더 높은지를 비교했다.

결과는 어땠을까? 당연히 진화론적으로 더 발달했고 과학적이며 체계적인 투자 기법을 배운 사람의 투자 수익률이 침팬지보다 훨씬 높을 거라고 믿고 싶다. 하지만 이는 한낱 희망에 불과했다. 유감스럽게도 별다른 차이가 없었다. 침팬지가 우수하다는 뜻이 아니다. 주식 투자에서 좋은 종목을 골라 높은 수익률을 올리는 일이 얼마나 힘든지 보여주는 실험이다.

💰 나 말고 모두가 좋아하는 걸 골라!

주식 투자 성공의 열쇠는 영업 실적이 뛰어나고, 재무 구조가 튼튼하며, 사업 전망이 밝고, 성장세가 뚜렷한 회사를 고르는 것이다. 회사를 잘 고르면, 단 하루에 수십 프로 넘게 주가가 폭등해 1년 동안 은행에 저축한 것보다 돈을 더 많이 벌 수 있다.

문제는 영업 실적이 좋을 것으로 예상되는 기업을 고르는 일인데, 이는 말처럼 쉽지는 않다. 상당한 지식과 경험을 가진 사람도 주식 투자에서 돈을 벌지 못하는 경우가 허다하다.

세계 대공황에 대한 해법을 제시하고 거시경제학을 개척한 케인스는 경제학 이론뿐 아니라 주식 투자에서도 성공한 경제학자로 유명하다. 그는 투자자에게 이렇게 조언했다.

"주식시장은 미인대회와 같다. 자신이 미인이라고 생각하는 종목이 아니라, 사람들 대다수가 미인이라고 생각하는 종목을 골라야 한다."

지금의 오디션 프로그램을 생각하면 될 것이다. 나 말고도 다른 사람들이 모두 좋아해야 해당 지원자가 투표에서 1위를 차지할 수 있는 것처럼, 주식 투자도 마찬가지다. 자신의 정보에만 기초해 좋다고 판단한 회사의 주식을 산다고 해서 주가가 오른다는 보장이 없다. 주식시장에 있는 대다수 투자자가 좋다고 생각하는 회사의 주가가 올라간다. 그런 주식에는 미인주라는 별명이 붙는다.

💰 주식은 망하는 지름길이라고?

"천천히 망하려면 장사를 하고, 빨리 망하려면 주식에 투자하라."

시중에 떠도는 우스갯소리다. 완전 허황된 얘기는 아니다. 이 말엔 주식 투자가 힘들고 돈 벌기 힘들다는 교훈이 담겨 있다. 물론 한쪽 측면만 지나치게 과장한 감이 없지 않다. 주식으로 돈을 번 사람도 있기 때문이다.

그런데 주식으로 망하는 사람에게는 나름의 이유가 있다. 주식 투

손해 전혀 안 보고 투자하는 법 알려줘.
영끌해서 투자하기 좋은 부동산 정보
주식으로 대박 터뜨리면 어떻게 해야 하지?
로또 1등 비법
재산소득 한 방에 늘리려면?

자 공부를 철저하게 하지 않고 대책 없이 투자에 뛰어든다는 점이다. 그러니 자신만의 투자 기준이나 철학이 있을 리 없다. 그저 소문에 사고, 소문에 판다. 귀가 얇아 거짓 정보와 근거 없는 소문에 쉽게 넘어간다.

주식 투자에서는 소위 대박과 같은 허황한 기대를 하지 말아야 한다. 가끔 언론에서 대박을 터뜨린 사람 이야기가 나온다고 자신도 그럴 수 있다는 착각에 빠지는 사람이 많다. 라스베이거스 카지노에서 대박을 터뜨린 한 사람이 나오기까지 얼마나 많은 사람이 빈털터리가 됐을지 생각해 보라. 한 번 대박을 터뜨린 사람이 계속 대박을 터뜨린다는 보장도 없다. 언젠가 주식으로 상당한 돈을 벌었던 전문가가 빈집털이범으로 잡혔다는 보도도 있었다.

비단 주식 투자뿐 아니다. 일반적인 금융 생활에서도 대박을 목적으로 행동해서는 절대 안 된다. 재테크는 주어진 소득을 효과적으로 관리하고 일반 예금보다 조금 더 많은 수익을 올리는 것이지, 대박을 터뜨리는 요령을 이야기하는 게 아니다. 욕심은 화를 낳는다. 아무리 강조해도 지나치지 않다.

투자에 왕도가 없다고?

주가와 금리

"호랑이를 잡으려면 호랑이굴에 들어가야 한다."

손실 위험을 알면서도 자발적으로 투자의 길을 선택하는 사람들의 심정을 느낄 수 있는 속담이다. 낮은 금리에 만족하느니, 차라리 투자를 택하겠다는 심리다. 투자 성공 가능성을 높이는 비법이 있을까? 있다면 무엇일까?

유럽의 전설적인 투자자 앙드레 코스톨라니(André Kostolany)는 단기간에 부자가 되는 비법 세 가지를 제시했다.

첫째, 부유한 배우자를 만난다.

둘째, 유망한 사업 아이템을 갖는다.

셋째, 주식에 투자한다.

그러나 이 비법에는 핵심 내용이 빠져 있다. 현실에서는 다음과 같이 바꿔야 한다.

첫째, 빼어난 능력이 있으면, 부유한 배우자를 만난다.
둘째, 탁월한 소질이 있으면, 유망한 사업 아이템을 갖는다.
셋째, 미래를 예측할 눈이 있으면, 주식에 투자한다.

부유한 배우자를 만나기 쉽지 않은 것처럼, 유능한 기업가가 되기 힘든 것처럼, 투자로 돈 벌기도 매우 힘들다. 워런 버핏은 돈을 벌려면 다음 규칙을 따르라고 했다.

첫째, 돈을 잃지 마라.
둘째, 첫째를 절대 잊지 마라.

결국 투자에 왕도는 없다는 뜻이다. 그렇지만 투자 기본 지식을 배우고 투자에 나선다면 성공할 가능성도 분명히 커진다. 아니, 적어도 실패할 가능성이 줄어든다.

얽히고설킨 주가, 금리, 환율

주가는 주식의 가격, 금리는 돈의 가격, 환율은 외국 돈의 가격이다. 주가, 금리, 환율은 금융에서 빠지지 않고 등장하는 단골 출연진이다. 드라마에서 출연진 사이의 관계가 얽혀 있듯이, 주가, 금리, 환율 사이에도 관계가 얽혀 있다. 그래서 하나가 변하면 다른 것도 영향을 받는다.

이들 사이의 관계만 이해하고 있어도 경제 현상의 절반을 이해한 거나 마찬가지이며, 투자 성공을 위한 기본 지식을 지니는 셈이다.

먼저 주가와 금리의 관계다. 진수는 예금, 주식, 부동산에 골고루 투자하고 있다. 그러던 어느 날, 금리가 내려가고 있음을 알았다. 그러면 예금 이자가 줄어들 테니, 실망스럽다. 그래서 진수는 만기가 된 정기 예금을 연장하지 않고 돈을 찾았다. 그리고 대신 주식에 투자하기 시작했다. 진수처럼 주식에 투자하려는 사람들이 많아졌고 여기저기서 어느 종목이 좋은지를 놓고 이야기하고 있었다. 주가가 올라간다.

주가와 금리는 역의 관계에 있다. 금리가 내려가면 주가가 올라간다. 반대로 금리가 올라가면 주가가 내려간다. 그 이유는 이미 진수의 선택에서 확인할 수 있다.

금리가 내려가면 예금이나 채권의 수익성이 떨어져 매력이 떨어진다. 사람들은 수익성이 상대적으로 좋아진 주식으로 눈을 돌린다. 주식을 사려는 수요가 증가하고 주가가 올라간다. 반대로 금리가 올라가면 채권이나 예금의 매력도가 높아져 돈이 몰린다. 그만큼 주식 시장으로 들어가는 돈은 줄어들고 주가가 내려간다.

7

왜 환율을 봐야 하는데?

주가와 환율

주가는 환율의 영향도 받는다. 그런데 그 영향을 이해하기가 쉽지는 않다. 조금 어렵긴 하지만, 성공적인 주식 투자를 위한 기초 지식이므로 인내심을 가지고 살펴보자.

환율이 주가에 미치는 영향은 크게 두 경로를 통해 나타난다.

첫째, 환율이 수출에 영향을 주는 경로다. 환율이 올라가면 우리 기업의 수출이 증가한다. 수출 기업의 수익이 증가하고 경제 성장에 도움이 된다. 따라서 주가도 올라간다. 요약하자면, 환율과 주가는 같은 방향으로 움직인다.

둘째, 환율이 외국인 투자자의 선택에 영향을 준다. 외국인은 달러를 들여와 원화로 환전한 후 한국 주식을 사야 한다. 그리고 적당한 시점이 되면 한국 주식을 판 대금을 다시 달러로 환전해 본국으로 가져간다. 이처럼 두 차례 환전 과정을 거쳐야 하므로 당연히 각 환전 시점에서의 환율이 얼마인지가 매우 중요하다. 해외여행할 때 환율에 얼마나 신경 쓰는지 생각하면 된다.

외국인이 달러를 원화로 환전할 때보다 달러로 다시 환전할 때 환율이 내린 상태라면 손에 쥐는 달러의 양이 증가한다. 반대로 환율이 오른 상태라면 손에 쥐는 달러의 양이 감소한다. 환율 변동에 따라 환차손익●이 발생하는 것이다.

주가와 환율 사이의 관계

간단한 수치를 이용해 이 문제를 생각해 보자. 한 미국인 투자자가 환율이 1,000원일 때 100달러를 원화 10만 원으로 환전한 후 한국 주식을 샀다고 하자. 한 달이 지나 주가가 10% 상승하자 그는 보유했던 한국 주식을 팔아 11만 원을 받았다.

이 돈을 다시 달러로 환전하려던 그는 곧 실망했다. 그사이 환율이 20% 상승해 1달러에 1,200원이 됐기 때문이다. 이 투자자가 11만 원을 환전해 손에 쥔 달러는 92달러였다. 주가가 올라서 벌었던 수익이 환율 상승 때문에 사라졌고 손실을 봤다.

이처럼 외국인 투자자는 환율이 올라가면 환차손을 본다. 그래서 환율이 상승하기 시작하면 환차손을 피하려고 한국 주식을 판다. 우리나라 주식시장은 외국인 투자 비중이 높은 편이어서 이들의 영향을 크게 받는데, 외국인이 주식을 파니 주가가 하락한다.

둘째 경로에 따른 영향은 환율과 주가는 반대 방향으로 움직이므로, 환율이 올라가는 시기엔 주가가 내려간다는 것이다.

이렇게 환율이 주가에 미치는 두 가지 영향을 따져봤다. 두 영향의 방향이 일치하면 좋겠는데, 그렇지 않다. 하나는 같은 방향, 하나는 반대 방향이다. 그래서 복잡해진다.

결국은 둘 중 어느 쪽이 더 큰지에 따라 결정된다. 단언하기는 힘들지만, 둘째 영향이 더 큰 '경향'이 있다. 주식시장에서 외국인 투자의 비중이 워낙 큰 탓이다. 둘째 영향이 첫째 영향을 압도한다고나 할까. 즉 환율과 주가 사이에는 역의 관계가 성립하는 '경향'이 있다.

8

돈 빌렸다는 증서라고?

채권

이제 돈을 빌리는 두 번째 방법, 즉 사람들로부터 직접 돈을 빌리는 것을 살펴보자.

개인끼리도 말로만 돈을 빌리고 빌려주지 않는다. 차용증●을 작성해 나중에 발생할 수 있는 분쟁에 대비한다. 차용증은 누가, 누구에게서, 언제, 얼마를 빌리고 얼마의 이자를 더해 언제 갚겠다는 약속을 적고 도장을 찍은 서류다.

개인끼리의 돈거래도 이렇다면, 회사가 돈을 빌리는 경우에는 더 세밀하고 공식적인 문서가 필요할 것이다. 회사는 일반인을 대상으로 돈을 빌리면서 채권을 발행한다. 내용은 차용증과 비슷하

차용증

돈이나 물건을 빌리면서 양 당사자가 채권, 채무 관계의 법적 증거를 남기기 위해 작성하는 문서다.

다. 이처럼 회사가 채권을 발행한다는 것은 사람들에게서 돈을 빌린다는 말과 같다.

💰 주식과 채권은 다른 거야?

주식과 채권은 모두 증권, 정확히는 유가증권에 해당한다. 주식 거래뿐 아니라 채권 거래를 위해서도 증권회사를 이용하면 된다. 이렇게 주식과 채권은 공통점이 있다.

하지만 주식과 채권에는 커다란 차이점도 있다. 주식은 회사의 지분을 표시하는 증서지만, 채권은 돈을 빌렸다는 증서다. 그래서 주식을 보유한 사람은 주주, 채권을 보유한 사람은 채권자가 된다. 채권을 발행한 회사는 채무자다. 주식을 발행해 조달한 돈은 회사의 자본금이 되고 갚을 필요가 없지만, 채권을 발행해서 조달한 돈은 회사의 빚, 즉 부채다. 따라서 회사는 채권에 명시한 날에 돈을 갚아야 한다.

주식		채권
기업 소유 지분을 표시하는 증서	성격	돈을 빌렸다는 증서
주주	투자자 지위	채권자
회사 자본금 증가	회사의 입장	회사 부채 증가
있음	주주총회 의결권	없음
시세 차익, 배당금	투자자 수익	이자
비보장	원금	비교적 안전

주식과 채권의 비교

💰 이름을 보면 누가 발행한 채권인지 알 수 있다

회사가 돈을 빌리기 위해 발행하는 채권이 회사채다. 돈을 빌리는 기간은 천차만별인데, 3년 만기 채권이 제일 흔하다.

채권으로 돈을 빌리는 주체는 회사만이 아니다. 한 국가 경제를 놓고 보면, 돈을 빌리는 경제 주체가 더 있다. 정부와 정부가 허락한 공공기관 등이다. 여기에 해당하지 않는 개인이나 개인회사는 채권을 발행하지 못한다.

중앙정부가 발행하는 채권을 국채, 각 지방자치단체가 발행하는 채권을 지방채라고 한다. 금융회사나 특수은행도 채권을 발행해 필요 자금을 조달하는데, 이것이 금융채다. 예금보험공사, 한국전력공사, 한국도로공사 등 특별법에 따라 설립된 곳도 채권을 발행해 돈을 빌리는데, 이를 특수채라고 한다. 이처럼 채권은 돈을 빌리는 주체, 즉 채권을 발행하는 주체가 누구냐에 따라 여러 종류로 분류되며, 이름을 통해 쉽게 확인할 수 있다.

국채는 중앙정부가 발행하므로 정부가 파산하지 않는 한 원금과 이자를 확실하게 돌려받을 수 있다. 정부 파산은 상상하기 힘드므로 국채가 채권 가운데 가장 안전하다. 대신 금리가 제일 낮다.

한국은행은 시중 통화량을 조절하기 위해 통화안정증권이라는 걸 사고판다. 시중에 통화량이 너무 많다고 판단하면 사람들에게 통화안정증권을 팔고 돈을 받는다. 한국은행이 이 돈을 금고에 보관하고 있으면 시중에 유통되는 통화량이 그만큼 감소한다. 반대로 시중에 통화량을 늘릴 필요가 있으면 과거에 팔았던 통화안정증권을 다시 사들여서 시중에 돈을 푼다.

만기(상환기간)가 1년인 채권도 있지만 보통 채권의 만기는 3년, 5년 등이며 10년 이상인 채권도 있다. 이처럼 채권은 만기가 길므로 채권에 투자하는 사람은 그 회사가 이자와 원금을 갚을 수 있을지 철저하게 따져야 한다.

채권을 발행하는 곳과 만기에 따라 채권 종류는 무척 많지만, 어느 채권이든 돈을 빌렸음을 표시하는 증서라는 점에서 같다.

9

채권 투자로 돈 버는 방법은?

채권 가격과 금리

채권을 산다는 건 채권 발행 회사에 돈을 빌려준다는 뜻이다. 채권을 산 사람은 그 대가로 채권에 명시된 금리에 해당하는 이자를 받게 된다.

그런데 채권 발행 회사가 경영 실적이 나빠져 돈을 갚지 못할 지경에 이를 수 있다. 이 경우 이자는커녕 빌려준 원금도 제대로 건지지 못해 손실을 볼 위험이 따른다. 그래서 채권을 구매하는 행위도 투자에 해당한다.

회사가 파산하는 일이 그리 흔하지는 않지만, 이론적으로는 어느 회사나 파산할 가능성이 있으므로 채권 투자도 위험하다. 정부는 회사보단 안전하지만, 이론상 파산 가능성이 전혀 없는 건 아니므로 정부 채권도 원칙적으로는 위험이 있는 투자 상품이다.

사람들이 매우 안전한 정기 예금을 선택하는 대신 부도 위험이 있는 채권을 사도록 유도하려면, 은행의 예금 금리보다 채권 금리가 조금이라도 높아야 할 것이다. 실제로 채권 금리는 예금 금리보다 높다.

채권을 발행한 회사마다 신용도와 부도 위험성이 제각각이므로, 어느 회사가 발생했는지에 따라 채권 금리가 달라진다. 신용도가 좋지 않은 회사가 발행한 채권일수록 위험 프리미엄이 붙어서 채권 금리가 높아진다. 중앙정부가 발행한 국채는 채권 가운데 가장 안전하므로 예금 금리와 별반 차이가 없다.

💰 채권에서도 시세 차익이 가능하다

채권 투자자는 채권에 명시된 대로 이자를 받는다. 그렇다고 반드시 만기까지 보유하고 있을 필요는 없다. 채권도 만기가 되기 전에 언제든지 채권시장에서 다른 사람에게 팔 수 있다. 채권 거래도 증권회사가 개발한 애플리케이션을 이용하면 된다.

주가만큼 심하지는 않지만 채권 가격 역시 변하므로 이 점을 이용하면 채권 투자자가 돈을 벌 기회가 생긴다. 자신이 채권을 샀을 때보다 가격이 올랐을 때 팔아 시세 차익을 얻을 수 있다는 말이다. 채권 가격이 싸다고 판단할 때 매수해서 오른 다음에 매도해 수익을 남기는 거다. 투자의 기본 정석이다.

그러면 채권 가격은 언제, 그리고 왜 올라가거나 내려갈까? 앞으로 채권 가격이 오를지 어떻게 예상할 수 있을까?

그 답은 금리에 있다. 채권 가격과 금리는 반대 방향으로 움직인다는 원리를 이용한다. 좀 더 구체적으로 말하면, 금리가 올라가면 채권 가격이 내려간다. 반대로 금리가 내려가면 채권 가격이 올라간다.

그러므로 채권 투자자는 늘 금리에 촉각을 곤두세운다. 진수는 지금 금리가 높은 수준이어서 채권 가격이 낮다고 판단하고 있다. 그리고 한국은행이 조만간 금리를 내릴 것으로 예상한다. 다시 말하면 조만간 채권 가격이 올라갈 거라 예상한다. 이 예상에 따라 지금 채권을 사면 된다.

💰 반대로 움직이는 이유

그렇다면 채권 가격은 왜 금리와 반대 방향으로 움직일까?

진수가 원금이 100만 원이고 금리가 3%인 1년 만기 채권을 보유하고 있다고 하자. 진수가 이 채권을 1년 동안 보유하면 103만 원을 받을 수 있다. 이제 시장에서 금리가 올라서 새로 발행하는 채권의 금리도 따라 올라 4%가 됐다고 하자. 투자자들은 어떤 채권을 좋아할까? 당연히 새로 발행하는 채권이다. 금리가 높아져 1년 보유하면 104만 원을 받을 수 있기 때문이다.

그러나 기존에 발행된 채권의 금리는 여전히 3%에 묶여 있다. 처음 채권을 살 때 약속한 금리이기 때문이다. 다시 말하면, 진수가 보유 중인 기존 발행 채권은 발행 당시의 금리 3%에 그대로 묶여 있어 인기가 떨어지고 채권 가격이 내려간다. 그러니까 금리가 올라가면 기존 발행 채권의 가격이 내려간다.

채권 투자에 경험이 없는 투자자라면 채권 가격과 금리 사이의 관계를 이해하는 일이 쉽지 않을 것이다. 그렇지만 채권 투자에 나서려면 반드시 알고 있어야 할 핵심 원리다.

10

코인으로 돈을 벌어?

코인과 스테이블코인

코인은 암호화폐의 한 종류다. 암호화폐의 거래 내용을 기록하기 위해 독립적인 블록체인 플랫폼을 보유하고 있으면 코인(coin), 다른 가상자산의 블록체인 플랫폼을 빌려서 기록하면 토큰(token)으로 구분한다. 비트코인은 코인의 대표적인 사례다.

코인 열풍이라 할 만큼 코인 투자자가 크게 늘었다. 코인 투자에서 제일 조심해야 할 점은 가격 변동성이 심하다는 것이다. 가격이 오를 때는 단기간에 몇 배, 몇십 배씩 오르지만, 내릴 때는 순식간에 절반 수준으로 급락한다. 주식 투자에도 위험이 따른다고 하지만, 코인 투자의 위험에 비할 바가 아니다.

오히려 이 점에 끌리는 사람도 있다. "인생 뭐 있어?" 하면서 인생 역전의 기회를 노리기도 한다.

💰 주식 거래와 다른 점

주식 투자를 하려면 증권회사를 선택해 계좌를 개설해야 하듯, 코인 거래를 하려면 가상자산 거래소(업비트, 빗썸, 코인원, 코빗 등)를 선택하고, 해당 거래소●의 애플리케이션을 내려받아 가입해야 한다. 여기에 투자 자금을 입금하면 거래를 시작할 수 있다. 거래 방법은 주식 거래와 비슷하다. 구매할 코인, 가격, 수량을 입력하면 된다. 단, 미성년자는 암호화폐 거래를 위한 계좌를 개설할 수 없다.

거래할 수 있는 코인이나 토큰의 종류가 수천 개나 된다. 이 가운데는 신뢰하기 힘든 것도 상당수 있으므로, 만약 성인이 되어 투자하기로 마음먹는다면 그나마 상대적으로 거래가 많이 되고 국제적으로 신뢰도가 있는 코인에 관심을 두도록 한다.

주식시장은 오전 9시에 열려 오후 3시 30분에 폐장하므로 정상적으로는 이 시간 안에만 주식 거래가 가능하다. 그러나 코인 시장은 24시간 돌아간다. 전 세계 사람들이 해당 코인에 투자하기 때문이다. 우리가 잠자는 시간에도 지구 반대편에서는 한창 낮이어서 코인이 거래된다.

따라서 코인 투자자는 저절로 잠을 설친다. 자신이 잠자는 시간에 지구 반대편에서 어떤 일이 발생해 코인 가격에 영향을 미칠지 모르기 때문에 불안하다. 돈도 좋지만, 자칫 생활 리듬과 정신적·육체적 건강을 망가뜨릴 수 있다.

대체거래소

독점이었던 우리나라 거래소에 대체거래소가 2025년에 새로 출범했다. 대체거래소의 주식 거래 시간은 오전 8시부터 오후 8시 사이로 늘어났다.

💰 스테이블코인은 또 뭐지?

안정적인 코인이라는 뜻의 스테이블코인(stablecoin)은 가격이 널뛰는 기존의 코인들과 차별화하기 위해 가치가 안정적으로 유지되도록 특별하게 설계된 코인이다. 비트코인이나 이더리움처럼 가격 변동성이 매우 심해 화폐로 쓰이지 못하는 문제점을 해결하고 일상 거래에 사용하려는 의도에서 개발된 암호화폐다.

코인의 가치를 안정적으로 유지하기 위해 일반적으로 미국 달러 가치에 연동한다. 예를 들어, 스테이블코인 1개를 발행하려면 현금 1달러나 1달러에 해당하는 미국 국채를 확보하는 식이다. 코인 소지자가 코인을 제시하면 스테이블코인 발행사가 1달러를 지급해 주겠다고 약속하는 것이다. 현재 테더(Tether)라는 회사가 발행한 USDT가 가장 유명한 스테이블코인이다.

아마존, 구글, 애플, 우버 같은 글로벌 빅테크 기업은 스테이블코인을 결제 수단으로 활용하는 데 긍정적이다. 신용카드 결제는 신용카드 회사를 거쳐야 하고 수수료를 많이 부담해야 하는데, 스테이블코인을 이용해 결제하면 수수료를 크게 아낄 수 있기 때문이다. 결제 정보를 자체 시스템을 이용해 처리함으로써 고객에 관한 빅데이터도 확보할 수 있다.

소비자에게도 편리한 측면이 있다. 해외 쇼핑몰을 이용하거나 해외 송금을 할 때, 심지어 게임 아이템을 거래할 때 환전 과정이나 환전 수수료를 지불할 필요가 없어서 저렴하고 빠르다.

스테이블코인은 가치가 안정적이므로, 기존의 코인과는 달리 기본적으로 투자 대상이 아니다. 거래나 결제의 편리성을 높이려는 실용적인 화폐에 가깝다. 다만 발행사가 약속과 달리 달러나 미국 국채를 충분히 보유하지 않은 채 스테이블코인을 발행하거나, 발행사가 파산하는 등 신뢰성 문제가 발생할 소지가 있다.

💰 NFT의 가치는 어디까지?

NFT(Non-Fungible Token)는 '대체 불가능한 토큰'으로 번역된다. 블록체인 기술을 이용해 디지털 자산의 소유주가 누구임을 증명하는 가상의 토큰이라고 하는데, 이게 무슨 뜻일까?

우선 '대체 가능하다'는 말의 뜻부터 살펴보자. 다른 동일한 것과 교환하거나 대체할 수 있다는 말이다. 지금 읽는 이 책은 대체 가능하다. 같은 주제로 출판된 책이 많아서 서로 교환해서 읽어도 무방하다. 지갑에 있는 지폐도 대체 가능하다. 내가 갖고 있는 1만 원 지폐와 친구의 1만 원 지폐를 맞바꾸더라도 아무 문제가 없다.

이처럼 대체 가능한 이유는 동일한 물건이 다수 존재하기 때문이다. 비트코인 역시 이 세상에 수천만 개나 존재하므로 대체 가능하다.

이제 대체 불가능한 이유를 짐작할 수 있을 것이다. 이 세상에 딱 하나밖에 없다면 다른 것으로 대체할 수 없다. 〈모나리자〉 작품은 세상에 하나밖에 없어 대체 불가능하다. 나의 가족 역시 대체할 수 없다.

그렇다면 NFT는 좋은 투자 상품일까? 사람들이 관심 있어 할 만한 그림, 영상, 음악을 디지털 파일로 만든 후 더 이상 복제할 수 없게끔 블록체인으로 저장하고, 각 파일에 고유한 인식 값을 부여해 대체 불가능하게 만든 게 NFT다. 그림, 영상, 음악 같은 실제 물건의 유일한 디지털 버전이라 생각하면 된다. NFT는 블록체인에 영구적으로 저장되므로 위조나 변조가 불가능하다. 중복해서 복제할 수도 없다.

이처럼 희소성과 소유권이 안전하게 확보되므로 NFT를 소유하길 원하는 사람이 있고 가치가 붙는다. 이를테면 〈모나리자〉의 유일한 디지털 작품을 소유하는 것이다. 우리나라에서는 NFT를 가상자산의 하나로 분류하고 가상자산 거래소에서 투자할 수 있게 허용하고 있다.

"실물도 아닌 가상의 작품을 왜 가지려고 하지?"라고 의구심을 품는 사람도 있겠지만, 원하는 사람이 있다면 가치가 형성된다. 인기가 좋아지면 가격이 오른다. 이유는 없다.

물론 실물을 보유하는 건 아니라는 점에서 NFT가 좋은 투자 상품인지 논란의 여지는 충분하다. 가격 변동이 심하고 인기가 변덕스러우므로 투자에 특히 조심해야 한다.

11

꿩 먹고 알도 먹을 순 없어?

하이 리스크 하이 리턴

안전한 금융 상품보다 불안전한 금융 상품을 선호하는 사람은 없을 것이다. 수익이 좋은 금융 상품과 수익이 나쁜 금융 상품 중에는 당연히 수익이 좋은 게 좋다. 현금화가 쉬운 금융 상품이 현금화가 힘든 금융 상품보다 좋다.

안전성, 수익성, 유동성은 모든 사람이 선호하는 성질이다. 이를 모두 겸비한 금융 상품이 있다면 얼마나 좋을까? 그런 금융 상품만 보유하면 되므로 자산 관리가 매우 쉬워질 것이다.

그러나 안타깝게도 안전성, 수익성, 유동성이 모두 뛰어난 완벽한 금융 상품은 이 세상에 존재하지 않는다. 안전성이 뛰어나면 수익성이 떨어지거나, 유동성이 좋으면 안전성에 문제가 있는 식이다.

그래서 합리적 투자자라면 본인의 노력으로 이 세 요소를 골고루 충족하도록 여러 금융 상품을 적절히 조합할 줄 알아야 한다. 이를 위해서는 먼저 각 금융 상품이 안전성, 수익성, 유동성 측면에서 좋은지 나쁜지 파악해야 한다.

금융 상품은 아니지만, 부동산부터 살펴보자. 부동산은 오랜 기간에 걸쳐 매우 인기 있는 투자 대상이다. 우리나라는 땅이 좁고 인구가 많아 늘 땅과 주택에 초과 수요가 있다. 실제로 부동산은 사람들의 기대에 부응해, 투자하면 실패하는 법이 별로 없었다. 그래서 부동산은 안전성이 높고 수익성도 비교적 좋은 편이다.

다만 부동산은 기본 거래 단위가 적게는 수억 원, 많게는 수십억 원에 이른다. 팔려고 마음먹어도 워낙 가격이 비싸 쉽게 사거나 팔지 못한다는 뜻이다. 그래서 부동산은 유동성이 떨어진다.

게다가 부동산이 계속 효자 노릇을 할 거란 보장도 없다. 주택 보급률이 100%를 넘고 인구 감소까지 우려되고 있는 상황에서 무작정 과거의 경험대로 부동산 투자가 유망할 거라는 기대는 금물이다.

💰 주식은 수익성, 예금은 안전성

주가는 롤러코스터 장세라는 말이 나올 정도로 급등과 급락을 반복해 왔다. 기회를 잘 잡은 투자자에게는 황금알을 낳는 거위처럼 수익성이 좋다. 그러나 안전성은 매우 떨어진다.

주식에 비해 채권은 안전하다. 이 말은 채권에서 대박을 기대하기 힘들다는 뜻이다. 즉, 채권은 주식이나 부동산에 비해 수익성이 떨어진다. 유동성은 주식과 부동산의 중간 정도라 할 수 있다.

은행 예금은 가장 안전하다. 언제든지 인출이 가능해 유동성이 최고다. 대신 수익성이 가장 낮다.

누구나 이왕이면 수익성이 좋은 곳에 돈을 굴리고 싶어 한다. 그러면서도 돈을 안전하게 지키길 원한다. 즉, 안전하면서도 수익률이 높은 금융 상품을 찾는다. 꿩도 먹고 알도 먹자는 욕망이다.

그러나 현실은 그렇지 않다. 높은 투자 수익률을 기대할 수 있는 투자에는 그만큼 손실이 발생할 위험도 크다. 이를 영어로 하이 리스크, 하이 리턴(high risk, high return)이라 한다. 많은 수익 뒤에는 반드시 높은 위험이 도사린다는 뜻이다. 고수익이면서 저위험의 상품은 없다. 위험을 극복하고 다행스럽게 투자에 성공하면 많은 수익을 벌지만, 투자에 실패하면 원금 손실이라는 결과를 받아들여야 한다.

이와 반대되는 특성이 로 리스크, 로 리턴(low risk, low return)이다. 위험이 낮은 안전한 금융 상품에서 많은 수익을 기대할 수 없다. 저위험이면서 고수익인 상품은 없다. 따라서 원금 손실을 원하지 않는다면 안전한 상품에 투자하되 낮은 수익률에 만족해야 한다.

일반은행과 상호저축은행을 비교해 보자. 상호저축은행은 일반은행에 비해 안전성이 떨어지므로 하이 리스크다. 대신에 상호저축은행은 일반은행보다 예금 금리가 높아 하이 리턴이다.

예금자는 금리가 낮지만 더 안전한 일반은행에 예금할지, 아니면 상대적으로 위험하지만 금리가 높은 상호저축은행에 예금할지를 놓고 선택해야 한다.

12

토끼가 굴을 세 개 파는 이유는?

포트폴리오

열심히 일해서 모은 금은보화를 한곳에 묻었다가 몽땅 털렸다는 옛날이야기가 있다. 만약 자산을 여러 곳에 나누어 보관했더라면 모두 잃지는 않았을 것이다. 도둑이 여러 곳에 나눠둔 돈을 모두 찾아낼 가능성은 희박하니까.

이 이야기는 손실 위험을 분산할 필요가 있다는 교훈을 준다. 투자나 돈 관리에 도움이 되는 소중한 원칙들이 여러 가지 있지만, 그중 제1의 원칙은 누가 뭐래도 분산 투자다.

영화에 나오는 닥터 스트레인지처럼 미래를 보는 눈이 있다면 올인이 좋은 전략이다. 그러나 우리는 한 치 앞도 내다볼 수 없는 불확실한 세상에 살고 있다. 이 사실을 무시하고 한곳에 모든 자산을 거는 올인 투자는 '모 아니면 도' 식의 무모한 행위다. 이는 투자가 아니라 투기이자 도박에 가깝다.

　모든 돈을 하나의 상품에 집중적으로 투자하는 대신, 여러 투자 상품에 나눠 분산 투자하는 게 현명하다. 이 원칙에 따라 다양한 투자 상품들로 구성한 투자를 포트폴리오(portfolio)●라고 한다.

💰 돈 가방은 여러 개로

　분산 투자는 유동성, 안전성, 수익성이 서로 다른 여러 상품에 두루 투자함으로써 위험을 최소화하면서도 비교적 높은 수익을 추구하는 투자 방법이다. 한 상품에서 손실이 발생해도 다른 상품에서 얻는 수익으로 이를 보완할 수 있다.

　"달걀을 한 바구니에 담지 말라"라는 서양 속담은 분산 투자의 중요성을 일깨워준다. 달걀을 바구니 하나에 모두 담는 경우 자칫 실수해서 달걀이 모두 깨져버릴 수 있다. 나눠 담으면 멀쩡한 바구니의 달걀은 건질 수 있다.

　전문가들은 돈을 은행 예금, 주식, 채권, 부동산 등에 골고루 투자하라고 충고한다. 예를 들어, 돈의 3분의 1 정도는 유동성이 뛰어난 은행 예금에 넣어 급히 돈을 써야 할 상황에 대비한다. 3분의 1은 주식에 투자해 높은 수익률로 자산을 불린다. 그리고 나머지 3분의 1은 안전성과 비교적 높은 수익률을 동시에 기대할 수 있는 부동산에 투자하는 식이다.

　『탈무드』에도 이와 비슷한 격언이 있다.

"모든 사람은 돈을 세 부분으로 나누도록 하라. 3분의 1은 토지에, 3분의 1은 사업에, 3분의 1은 현금에."

『성경』의 「전도서」 11장 2절에서는 더 여러 개로 나누라고 한다.

"이 세상에서 네가 무슨 재난을 만날지 모르니, 투자할 때에는 일곱이나 여덟로 나누어 하여라."

이 배분 비율을 항상 정확히 지키라는 뜻은 아니다. 개인 사정에 따라 적절하게 비율을 정하면 된다. 중요한 것은 유동성, 안전성, 수익성을 고르게 확보할 수 있도록 여러 상품에 돈을 분산하는 일이다.

옛날부터 숫자 3은 매우 안정적인 균형을 의미했다. 사마천의 역사서 『사기』를 보면 '교토삼굴(狡兎三窟)'이라는 말이 나온다. 슬기로운 토끼는 만약에 대비해서 숨을 굴을 세 개 파놓는다는 뜻이다. 금은보화를 몽땅 한곳에 묻은 옛날이야기 속 사람보다 낫다.

이렇듯 토끼도 언제 닥칠지 모르는 위험에 대비해 대책을 세운다. 합리적인 투자자라면 포트폴리오를 구성하는 게 당연하지 않을까?

13

대중교통을 이용하면 어떨까?

직접 투자와 간접 투자

"기초적인 재무 지식이 있고, 1주일에 여덟 시간 이상 주식 공부에 투자할 시간이 있는 사람이라면 본인이 직접 주식에 투자하는 것도 괜찮다."

워런 버핏의 말이다.

"탐욕과 공포심을 적절히 통제할 수 있는 득도의 경지에 도달했다면 주식 직접 투자가 최고의 재테크 수단이다"라는 말도 있다.

직접 투자를 권장하는 말처럼 보일지 모르지만, 실은 개인이 직접 주식에 투자하는 행위가 매우 위험하다고 경고하는 말이다.

왜 직접 투자가 어려울까? 투자 자금이 많지 않은 개인 투자자를 개미 또는 개미 투자자라고 부른다. 눈에 보이지 않을 정도로 작으며, 떼를 지어 이리저리 과자 부스러기를 옮기느라 땀을 흘리는 개미의 모습에 빗댄 용어다. 덩치가 큰 기관투자자(증권회사, 은행 등)나 외국인 투자자의 한 방 펀치에 맥을 쓰지 못하는 개인 투자자의 무력함을 꼬집는 말이기도 하다.

투자 관련 전문 지식과 오랜 경험을 갖추지 않은 사람에게 직접 투자는 적당하지 않다. 주식시장에서 개인 투자자의 경쟁 상대는 비슷한 처지의 개미도 있지만, 엄청난 규모의 자금, 풍부한 경험, 다양한 전문 지식으로 무장한 전문가, 기관투자자, 외국인이다.

시세 변동이 심하고 경제 환경이 급변하는 상황 속에서 이들과 경쟁해 개인이 돈을 벌기란 하늘의 별 따기와 같다. 하루 종일 주식만 연구하는 직업 투자자들과 겨뤄 개인이 돈을 벌려면 이들보다 더 많이 공부하고 더 많은 시간을 투자하며 더 많은 정보를 수집해야 하지만, 현실적으로 힘들다.

💰 자가운전 대신 대중교통

목적지까지 가기 위해서 반드시 직접 운전을 해야 할 필요는 없다. 대중교통을 이용해도 비교적 편히 목적지에 도착할 수 있다.

주식 투자도 그렇다. 주식 투자를 한다고 모든 일에 자신이 직접 나서야만 할 필요 없다. 대신 전문가에게 투자를 위임하면 된다. 이런 투자 방법을 간접 투자라고 한다. 투자에 대한 전문 지식이 부족하거나 시간 여유가 없거나 투자 자금이 적은 투자자들이 주로 간접 투자에 의존한다.

고객의 돈을 위탁받아 전문가들이 대신 투자를 해주는 금융회사가 자산운용회사(자산운용사)다. 일반 투자자로부터 조달한 뭉치 자금으로 펀드(fund)●를 조성한 다음에 주식 등에 투자한다. 펀드를 운용하는 전문가 직업이 펀드매니저다.

자산운용회사는 지점을 두지 않고, 증권회사에 위탁해 투자 자금을 모집한다. 물론 인터넷이나 모바일로도 펀드에 가입할 수 있다. 그리고 투자로 얻은 운용 수익을 투자자들에게 돌려주며 투자를 대신 해준 대가로 보수와 수수료를 받는다. 투자에서 손실이 발생해도 수수료는 발생한다.

직접 투자		간접 투자
• 모든 수익이 자신의 몫임 • 투자 경험을 쌓을 수 있음	장점	• 전문가의 지식과 능력을 활용함 • 투자에 많은 시간이 필요하지 않음 • 분산 투자가 가능함
• 능력 부족으로 손실 위험이 큼 • 시간과 노력이 많이 필요함 • 분산 투자가 어려움	단점	• 수수료 등 비용이 발생함 • 기대 수익률이 직접 투자보다 낮음

직접 투자와 간접 투자의 장단점

🪙 간접 투자는 상대적으로 안전할 뿐

간접 투자가 직접 투자에 비해서 상대적으로 안전할 뿐이지 100% 안전하다는 말은 절대 아니다. 간접 투자에서도 손실이 난다. 주가가 대세적으로 하락하는 시기에는 아무리 뛰어난 운용 능력의 펀드매니저라 해도 이익을 내기 쉽지 않다.

간접 투자에서 손실이 발생했을 때 이를 보상해 주지도 않는다.
간접 투자에서 발생하는 이익이 개인 투자자의 몫인 것처럼, 손실도
해당 자산운용사와 해당 펀드를 선택한 개인이 감당해야 할 몫이다.
펀드매니저의 운용 능력에 따라서도 수익률에 차이가 나므로 어느
펀드에 가입할 건지를 신중하게 결정해야 한다.

14

간접 투자의 꽃은?

펀드

진수는 회사에서 받은 성과급으로 주식에 투자하기로 결심했다. 그런데 정작 어떤 종목을 사야 할지 모르겠다. 이 종목을 사려니 수익률이 높지만 불안하고, 저 종목을 사려니 수익률이 낮아 마음이 내키지 않는다. 며칠을 망설이다가 종목을 고르는 데 실패한 진수는 마침내 좋은 생각이 떠올라 무릎을 쳤다.

진수의 선택은 '펀드'였다. 진수처럼 주식 투자에 어려움을 겪는 개인 투자자들의 돈을 모아 전문가가 대신 투자해 주는 게 펀드다.

간접 투자의 꽃이라 불리는 펀드는 여러 장점이 있어 인기가 좋다. 하나씩 알아보자.

첫째, 풍부한 지식과 경험, 정보를 보유한 펀드매니저가 투자를 대신 해준다. 그러니 어떤 주식을 살지, 언제 사고팔지 고민할 필요가 없다. 전문가가 투자하니, 개인의 직접 투자에 비해 위험을 줄이면서 저축 이상의 수익률을 기대할 수 있다. 대신 수수료를 낸다.

둘째, 분산 투자가 가능하다. 분산 투자를 실천하려 해도 보유한 돈이 적으면 쪼개어 투자하기 힘든 경우가 많다. 펀드에는 큰돈이 모이므로 수십 또는 수백 종목에 분산해 투자하는 일이 가능해져 손실 위험이 줄어든다.

셋째, 가입과 탈퇴가 자유롭다. 가입한 펀드의 수익률이 마음에 들지 않으면 언제든지 돈을 빼내 다른 펀드로 갈아탈 수 있다.

넷째, 복리 효과도 기대할 수 있다. 예를 들어 100만 원을 투자해서 10%의 수익을 벌면 바로 110만 원이 모두 재투자된다. 여기서 다시 10% 수익이 발생하면 펀드에 모인 돈은 121만 원으로 불어난다.

💰 부동산, 배, 금에도 펀드로 투자할 수 있다고?

펀드의 종류도 다양하다. 목돈을 한꺼번에 넣는 거치식 펀드, 큰돈이 없는 사람이 조금씩 넣을 수 있는 적립식 펀드가 있다. 적립식 펀드는 은행의 적금처럼 매달 또는 일정 주기로 돈을 조금씩 적립해 규모를 늘려가는 펀드다. 거치식 펀드보다 상대적으로 손실 위험이 작지만, 수익률이 낮은 경향이 있다.

금융회사가 고객에게 펀드를 판매할 때는 주로 어디에 투자하겠다고 미리 정해 놓으므로, 투자자는 자신의 성향과 목적에 맞는 펀드 상품을 고르면 된다. 예를 들어 주식형 펀드는 주식에 주로 투자한다. 더 정확하게 말하면 주식에 60% 이상 투자한다. 높은 수익률을 기대할 수 있지만, 그만큼 원금 손실의 위험도 따르므로 공격적 투자 성향을 지닌 사람에게 적합하다.

　채권에 60% 이상을 투자하는 게 채권형 펀드다. 주식형 펀드에 비해서 안전하지만, 기대 수익률이 낮다. 저위험 저수익 구조이므로 안정적 투자 성향을 지닌 투자자에게 적합하다.

　주식과 채권에 골고루 투자하는 혼합형 펀드도 있다. 주식 투자의 수익성과 채권 투자의 안전성을 동시에 추구한다.

　펀드를 통해 주식이나 채권에만 투자할 수 있다는 고정관념은 버려야 한다. 주식이나 채권 투자를 위한 펀드가 많기는 하지만, 간접 투자자들의 욕구가 다양해지면서 색다른 상품에 투자하는 펀드가 많이 생겼다.

　부동산 개발 사업에 투자하는 부동산 펀드, 배를 제작하거나 매입한 후 임대해 수익을 창출하는 선박 펀드, 경매에 나온 부동산에 투자하는 경매 펀드, 금에 투자하는 금 펀드, 달러에 투자하는 환율 펀드 등 실로 펀드의 종류는 다양하다.

15

펀드야 주식이야?

ETF

진수는 케이팝(K-pop)의 경쟁력이 앞으로도 지속되리라 확신하며 엔터테인먼트 산업 주식에 투자하기로 마음을 굳혔다. 여기까지는 그리 어렵지 않은 결정이었다. 문제는 다음이었다. 엔터 산업에 있는 여러 회사 가운데 투자할 종목을 한두 개 선별하려니 막막했다.

이런 사람을 위해서 펀드가 있다고 앞에서 살펴보았다. 진수가 엔터 펀드를 검색하니 종류가 다시 수십 개가 있다. 이번에는 이 가운데 어느 자산운용사가 운용하는 펀드가 제일 유망할지 판단하기 쉽지 않다. 펀드 소개 문구를 보니 수수료도 생각보다 많다.

펀드 투자 경험이 있는 진수는 수수료도 아깝다는 생각이 들었다. 어떻게 해야 할까?

실제로 간접 투자를 하거나 펀드에 가입하는 많은 투자자가 공통

으로 지니는 고민이다. 전문가들은 이런 사람들을 위해 새로운 상품
인 ETF를 개발했다. 'Exchange Traded Fund'의 줄임말인데, 직역
하면 '증권 거래소에서(exchange) 거래되는(traded) 펀드(fund)'라는
뜻이다. 우리말로 상장지수펀드라고 한다. 거래소에서 거래되니 개
인 투자자가 직접 살 수 있는 펀드다.

펀드보다 편리하고 주식보다 쉬운데?

ETF에는 여러 가지 매력 포인트가 있다.

첫째, 진수처럼 특정 엔터 회사를 고르기 힘든 사람을 위해, ETF는
다수의 엔터 회사로 구성된 주가지수를 종합적으로 추종한다. 그래
서 엔터 회사들의 주가가 전반적으로 올라가면 ETF 가격도 올라간
다. 굳이 투자할 특정 회사 하나를 고르는 고통이 따르지 않는다. 엔
터 산업이 유망해 보이면 엔터 관련 ETF를, AI 산업이 유망해 보이
면 AI 관련 ETF를 사면 된다. 미국 경제가 좋아 보이면 미국 주식시
장을 추종하는 ETF를 사는 식이다.

이처럼 ETF는 처음부터 투자할 '종목군' 또는 '특정 산업'을 정해
놓고 기계적으로 투자한다. 특정 회사가 아니라 해당 산업이나 전체
주식시장에 속한 여러 회사에 두루 투자하므로 자연스럽게 분산 투
자도 가능해진다. 한 종목이 아니라 여러 회사로 구성된 지수에 투자
하니, 한 회사의 주가가 폭락해도 영향을 덜 받는다.

둘째, 펀드는 매수와 매도 과정에 며칠이 걸리므로 지금 실시간
가격이 아니라 환매 시점의 가격이 적용된다. 반면에 ETF는 펀드이
면서도 주식시장에 상장되어 있어 개인이 직접 실시간 가격으로 사

고팔 수 있다.

셋째, 펀드는 펀드매니저가 상황을 보며 어느 회사에 얼마를 투자할지 일일이 판단해 투자한다. 그래서 펀드매니저에게 내는 수수료가 비교적 많다. 그러나 ETF는 투자할 종목들이 미리 정해져 있어 이런 노력이 필요하지 않다. 그래서 일반 펀드보다 운용 수수료가 훨씬 적다.

넷째, 투자 분야나 산업도 다양해 투자자의 선택 폭이 넓다. 투자자는 어떤 산업이나 어느 주가지수를 추종하고 싶은지만 결정한 뒤, 이를 추종하는 ETF를 찾아 일반 주식처럼 모바일로 매수하면 된다. 미국에서는 암호화폐 ETF도 등장했다. 일반 투자자들도 암호화폐 지분을, 가상자산 거래소를 통하지 않고도 전통의 증권 거래소에서 거래할 수 있게 된 것이다.

한마디로 ETF는 직접 투자와 간접 투자의 특징을 동시에 지닌 참신한 펀드다. 펀드보다 편리하고 비용이 저렴하며, 주식보다 투자하기 쉽다. 이 정도면 매력 있는 투자 상품이다.

16 내 탓이오

자기 책임의 원칙

오늘 정보방에 참여하신 분들 한정, 다음 주 급등 종목 안내합니다.

무조건 수익 나는 정보입니다. 지금 투자하면 수익 200% 보장!!

덕분에 저는 오늘 원금 복구했어요~

투자 리딩방 사기 집단이 마구잡이로 보낸 문자들이다. 전화, SNS 등을 통해 자신을 주식 투자 전문가라고 소개하며 검증할 수 없는 자신의 과거 경력과 수익률을 뽐낸다. 바람잡이를 동원해 허위 수익금 사진을 보여주며 채팅방에 참여한 사람들을 유혹한다.

그러고는 투자자에게 회원 가입 후 일정 금액을 내면 좋은 투자 종목을 추천하거나 매매 시점을 콕 집어 알려주겠다고 미끼를 던진다. 또는 직접 운용해 고수익을 돌려주겠다며 투자 자금을 건네받기도 한다.

돈을 받은 다음에는 거짓 정보를 제공하거나, 연락을 끊고 잠적한다. 또 투자자들에게 특정 주식이 좋다며 사도록 유도하고 실제로 주가가 올라가면 자기가 갖고 있던 주식을 팔아 잇속을 챙기기도 한다.

사기꾼들의 사기 수법을 일일이 다 나열할 수 없다. 정부가 대책을 내놓으면 새로운 수법을 고안하는 등 항상 한발 앞서나간다. 사기 피해를 입지 않는 최고의 방법은 기본에 충실하는 것, 기초 금융 원리를 명심하는 일이다. 고수익을 보장하며 투자를 권유하는 행위는 100% 투자 사기다. 투자란 원래 손실 위험이 따르는 법이다. 고수익을 보장한다는 말은 거짓일 수밖에 없다.

💰 정보 약자를 보호하라!

투자에서 정보는 곧 돈이다. 정보가 있다면 돈을 벌 기회가 열린다. 문제는 개인이 금융회사나 일반 기업에 비해 늘 정보가 모자란다는 데 있다. 갖고 있는 정보를 분석하는 능력도 떨어진다. 투자 사기는 이 점을 노린다.

정부는 개인 투자자들을 보호하기 위해 여러 정책을 도입했다. 정보 약자인 개인을 위해 기업이 신속하게 그리고 투명하게 정보를 공개하도록 강제한다. 회사 내부에서의 우월한 정보를 이용해 주식을 미리 매수했다가 정보를 공개한 후 주가가 올라가면 팔아 차익을 남기는 내부자 거래 행위를 금지한다.

또한 금융감독원은 금융 거래에서 발생한 문제나 분쟁을 합의와 조정 과정을 거쳐 해결해 준다. 만약 이 과정에서 합의가 원만하게 이뤄지지 않으면 이 건은 분쟁조정위원회로 넘어간다.

💰 수익은 내 덕분, 손실은 네 탓?

이처럼 개인 금융 소비자를 보호하기 위한 여러 가지 장치와 제도가 있으나, 법이 모든 문제를 해결해 주지는 못한다. 해외여행을 하는 동안 소매치기를 당한다면, 범인을 잡는 일도 중요하지만 애초에 소매치기를 당하지 않는 게 더 중요하다. 여행자가 많은데 그중에 나만 소매치기를 당한 데는 분명히 허술해 보인 부분이 있을 것이다.

금융 거래에서 제일 중요한 것은 소비자가 스스로 많은 정보를 수집·분석하고 최선의 금융 의사결정을 내리는 일이다. 그리고 자신이 한 의사결정에 대해 스스로 책임지는 태도를 지녀야 한다. 이것이 자기 책임의 원칙이다.

금융회사로부터 투자 권유를 받거나 금융 상품에 대한 정보를 제공받지만, 그 정보를 해석하고 투자 여부를 결정하거나 어느 금융 상품에 가입할 것인지의 최종 결정자는 본인이다. 이 결정을 통해 수익이 생긴다면 수익은 당연히 자신의 차지가 된다. 그렇다면 반대도 성립해야 하지 않을까?

즉, 투자에서 나쁜 성과가 나온 경우에도 본인이 책임져야 한다. 수익이 나면 자신의 공과로 돌리면서, 손실이 나면 금융회사나 권유한 직원을 탓하거나 정부에 대책을 호소하는 이중적인 태도는 시장경제에 어울리지 않는다.

돈을 잘 관리하는 일은 절대 쉽지 않다. 높은 수익률에 대한 욕심은 경제적 동물인 인간의 본성이다. 다만 욕심은 화를 부르는 법이므로, 최대한 욕심을 배제하는 자제력이 필요하다. 그리고 내가 한 결정의 결과는 전적으로 내가 책임진다는 자세로, 투자 판단을 최대한 신중하게 해야 한다.

홈런을 기대하지 마!

투자 위험 관리와 투자 원칙

"저는 안전하게 투자할 거예요."

이 말은 모순이다. 안전한 투자는 없다. 투자를 한자로 쓰면 '投資'다. '돈을 던진다'는 뜻이다. 정의에 이미 위험스러운 행위임을 담고 있다. 투자에는 손실 위험이 따르며, 그 위험을 완전히 제거하는 일은 불가능하다. 그러니 손실 위험이 싫고 안전함을 원하면 아예 투자하지 말아야 한다.

그러나 투자에 따르는 위험을 완전히 없애기는 불가능하더라도, 적절히 관리하면 위험을 상당히 줄일 수는 있다. 투자 위험 관리는 위험을 완전히 제거하는 게 아니라 위험을 줄이는 방법에 관한 것이다. 그런 방법을 배우는 과정이 금융 교육이다. 금융 역량을 갖춘 사람은 갖추지 못한 사람보다 투자 위험을 효과적으로 관리할 수 있다.

💰 관리가 불가능한 위험과 가능한 위험

위험을 철저하고 꼼꼼하게 관리하더라도 정말 투자 위험을 완전히 제거하지 못할까? 왜 그럴까?

투자 위험은 두 가지, 체계적 위험과 비체계적 위험으로 구성된다. 이 가운데 체계적 위험은 투자 전반에 영향을 미치는 위험이다. 경기 침체, 인플레이션, 금리 변동, 유가 폭등 같은 현상이 발생하면 특정 종목의 주가만 하락하는 게 아니라 주식시장 전체가 타격을 받는다. 전쟁, 코로나19 같은 요인도 마찬가지로 체계적 위험을 초래해 시장 전체를 위험하게 만든다.

체계적 위험을 초래하는 요인이 언제 어느 정도 발생해서 얼마나 지속할지는 인간의 힘으로 완벽하게 예측할 수 없다. 따라서 투자에는 늘 체계적 위험이 따른다. 개인이 아무리 위험 관리를 잘해도 체계적 위험까지는 제거하지 못한다.

반면 관리가 가능한 위험이 있다. 비체계적 위험은 특정 회사나 일부 회사에만 영향을 미치는 위험이다. 예를 들어, 어느 회사에 경영권 분쟁이 발생하거나, 회사가 막대한 자금을 들여 개발한 신제품이 실패하면 해당 회사의 주가는 타격을 받지만, 다른 회사의 주가는 영향을 받지 않는다. 정부가 특정 산업을 규제하는 정책을 발표하면 해당 산업에 속한 회사들의 주가가 직접 영향을 받을 뿐, 다른 산업의 주가에 미치는 직접적인 영향은 없다.

비체계적 위험은 투자자의 노력과 역량으로 충분히 관리할 수 있다. 투자 상품의 수와 비체계적 위험 사이에 반비례 관계가 있다는 사실을 이용하면 된다. 다시 말하면, 분산 투자를 실천하면 비체계적

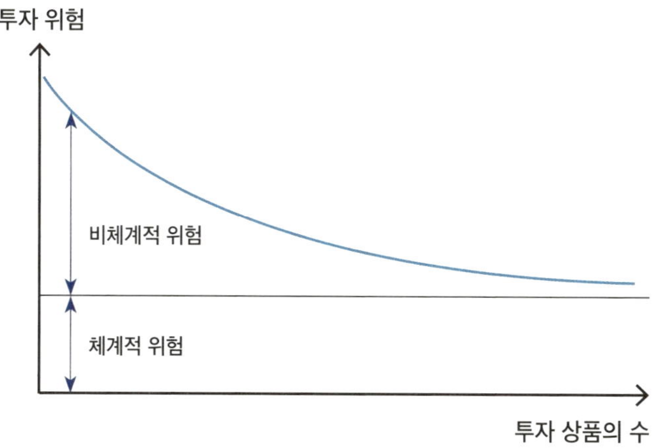

투자 위험과 분산 투자의 효과

위험은 자연스럽게 줄어든다. 다양한 성격의 회사에 나눠 투자함으로써 한 회사에서 발생한 위험이 다른 회사의 수익에 의해 상쇄되는 효과를 기대하는 것이다.

알아서 분산 투자 해주잖아

투자 상품을 다양하게 구성할수록 비체계적 위험이 점차 0에 수렴한다. 그렇다고 해서 개인 투자자가 100개의 주식 종목을 보유할 순 없다. 현실적으로 투자 자금도 부족하거니와 100개를 관리할 시간과 머리가 개인에겐 없다. 아니, 냉정하게 말해 100개가 아니라 10개도 관리하기 벅차다. 전문가들이 일반 펀드 가입이나 ETF 투자를 추천하는 이유가 여기에 있다. 자연스럽게 많은 종목에 분산 투자가 이뤄져 비체계적 위험을 줄이는 효과를 얻는다.

투자와 투기는 떼려야 뗄 수 없는 사이다. 같은 말 같기도 하다. 둘 사이에 차이가 있을까? 있다면 어떤 점이 다를까?

투자와 투기 모두 가격 상승을 통해 돈을 불리는 목적에서 하는 행위라는 점에선 같다. 그렇지만 투자하는 사람을 투자자로 부르는데, 투기하는 사람은 투기꾼이라고 표현할 정도로 투기에 대해서는 부정적 시각이 있다. 오죽하면 '내가 하면 투사, 남이 하면 투기'라는 말까지 나왔을까?

투자는 정상적인 방법과 정부가 마련해 놓은 제도 안에서 금융회사의 상품을 적극 활용해 돈을 불리는 행위다. 이를 위해 철저한 준비와 분석을 바탕으로 투자할 대상과 시기를 결정하고 비교적 장기 관점에서 의사결정을 한다. 투기는 단기적으로 발생하는 가격 변동에 중점을 두고 일시에 큰 이익을 얻으려는 행위다. 철저한 분석 없이 비정상적으로 많은 수익을 남기려 시도한다. 일반적으로 자산 보유 기간이 짧다.

그러나 정상적인 투자 행위에도 투기적 요소가 어느 정도는 있어서, 이 둘을 칼로 무 자르듯 명확하게 구분하기란 현실적으로 어렵다.

홈런 말고 안타를 칠 것

모든 일이 그렇듯, 투자에도 지켜야 할 기본 원칙이 있다. 처음 투자를 시작하는 사람은 이 원칙을 지킬 수 있다고 자신하지만, 막상 투자하다 보면 원칙에서 벗어나곤 한다. 투자에 실패하는 사람들에게서 발견할 수 있는 공통 현상이다.

첫째, 홈런을 기대하지 마라. 야구를 조금이라도 아는 사람이라면

이 원칙의 의미를 이미 파악했으리라. 타자가 홈런을 노린다고 홈런이 나오지 않는다. 오히려 어깨에 힘이 잔뜩 들어가 삼진당하기 쉽다.

투자도 그렇다. 높은 수익률로 지금까지의 손실을 한 방에 회복하려는 과욕을 부리기 쉽다. 대박 종목을 찾는다. 그러나 대박 종목을 찾는 일은 바닷가 모래사장에서 바늘을 찾는 격이다.

투자의 기본 원칙은 한 걸음씩, 조금씩 돈을 불려가는 것이다. 투수가 던진 구종에 맞춰 방망이를 휘둘러 단타를 노려야 한다. 그러다 보면 때로 2루타도, 홈런도 나온다. 한 달, 한 해의 수익률이 높지 않더라도 오랜 기간에 걸쳐 누적되면 득점을 올릴 수 있고 많은 수익으로 이어진다.

투기가 홈런만을 노리는 거라면, 투자는 단타를 통해 주자를 모아 득점을 올리는 것이다. 오랜 기간에 걸쳐 조금씩 돈을 불려나간다는 자세로 투자에 임해야 한다.

"돈은 머리가 아니라 엉덩이로 번다."

투자에서 인내심을 갖고 기다릴 줄 알아야 한다는 말이다.

둘째, 고수익을 올릴 수 있다는 말을 믿지 마라. 초보 투자자는 돈을 잃지만 않으면 좋겠다고 바라며 투자를 시작한다. 그러다가 주위에서 투자로 많은 돈을 벌었다는 소식이나, 누구는 ○○에 투자해서 돈을 배로 불렸다는 말이 들리면 초심이 흔들린다.

"왜 그런 행운이 나만 피해 가는 걸까?"

그리고 이런 부질없는 망상에 사로잡힌다. 이때부터 합리적 투자 판단이 흔들리기 시작한다. 자신의 소신에 의해 투자하지 못하고 소문에 휘둘려 투자 종목을 고른다. 더 나아가 고수익을 보장한다는 말에 쉽게 유혹당해 귀중한 돈을 맡긴다. 폰지 사기(1장 참고) 같은 금융 사기에 속아 넘어가기 쉽다.

급히 들어온 돈은 급히 나간다. 한 방에 투자에 성공해 부자가 된다는 말은 신기루다.

셋째, 포트폴리오를 잊지 마라. 포트폴리오와 분산 투자의 중요성은 이미 앞에서 말한 바 있다. 한두 종목에 모든 돈을 투자하는 것처럼 어리석은 행위는 없다. 투자를 통해 돈을 잃는 확실한 지름길이다.

동학과 서학,
주식으로 역사를 배우네

역사책에서 동학과 서학을 배운 적이 있을 것이다. 이 동학과 서학이 주식시장에도 등장했다.

2020년 코로나19가 확산할 때, 투자 자금이 막강한 외국인 투자자들이 주식을 팔아치웠다. 주가가 급락하자 오히려 좋은 기회라고 생각한 한국 개인 투자자(개미)들이 대거 주식을 사들였고, 외국인 투자자와의 힘겨루기에서 승리해 주가의 추가 하락을 막는 데 성공했다. 이때부터 동학농민운동에 빗대, 외국인에 맞서 국내 주식을 대거 사들인 개인 투자자들을 '동학개미'로 부르기 시작했다.

이후 '서학개미'도 생겨났다. 동학개미가 외국인에 맞서 국내 주식을 대거 사들인 개인 투자자라면, 서학개미는 미국 등 해외 주식에 투자하는 개인 투자자를 뜻한다.

2010년대 초반만 해도 해외 주식 투자는 초고액 자산가들의 전유물이었다. 이후 개인이 외국 주식에 직접 투자할 수 있는 길이 열리고 해외 시장에서의 실시간 주식 거래도 가능해지면서, 미국 주식에 투자하는 서학개미 수가 급증했다.

지금은 안방에서 사실상 전 세계 주식을 거래할 수 있는 시대다. 그만큼 투자자들의 고민도 깊어졌다. 국내 주식을 살까? 외국 주식을 사야 하나? 외국 주식이라면 어느 국가 주식이 유망한가? 과거에는 해보지 못했던 고민이다.

투자할 주식시장을 놓고 등장한 용어가 '국장'과 '미장'이다. 국장은 국내 주식시장, 즉 코스피나 코스닥 시장을 말한다. 미장은 미국 주식시장의 줄임말이다.

최근에는 미장에 투자하는 서학개미가 크게 늘었다. 미장은 세계에서 제일 규모가 큰 시장이자 유명한 다국적 기업이 상장돼 있어 선택의 폭이 넓다. 한국 시간 기준으로 주로 밤에 거래되므로 투자자는 자신의 생활 양식에 맞춰 국장이든 미장이든 선택하는 세상이다.

회사가 크면 주가도 비싸다?

우리나라에서 제일 큰 회사는 삼성전자다. 그러면 삼성전자 주가도 제일 비싼가? 그건 아니다. 주식시장에서 회사 규모를 말할 때는 한 주의 가격인 주가가 아니라, 시가총액이란 걸 기준으로 한다.

시가총액은 한 주의 가격에 발행한 총 주식 수를 곱한 값이다. 한 주의 가격이 낮더라도 발행한 주식의 수가 많다면 시가총액이 크다. 삼성전자가 제일 큰 회사라는 말은 시가총액이 제일 크다는 말이다.

삼성전자의 가치가 제일 높다고 해석하기도 한다. 같은 산업에서 활동하는 두 경쟁 기업의 시가총액을 비교하면 상대적 가치를 비교할 수 있다.

회사의 크기를 판단하는 잣대로 시가총액 말고 매출액을 쓰기도 한다. 매출액은 일정 기간에 회사가 올린 수입의 합계다. 예를 들어, 하루에 5,000원짜리 떡볶이를 100접시 파는 분식집의 하루 매출액은 50만 원이다.

영업이익도 기준이 된다. 영업이익은 매출에서 사업에 들어가는 온갖 비용(재료비, 인건비, 월세 등)을 빼고 남은 이익이다. 분식집에서 하루에 올린 매출액 50만 원 가운데 30만 원이 비용으로 나간다면, 영업이익은 20만 원이다.

당기순이익이란 용어도 있다. 만약 분식집이 가게 앞에 인형 뽑기 기기를 설치해 놓았다면 여기에서도 수익이나 손실이 발생한다. 다만 인형 뽑기는 분식집의 본래 영업이라 볼 수 없어서 영업외이익으로 분류한다. 당기순이익은 영업이익과 영업외이익 등을 모두 합한 결과다.

5장

신용을 좋게 하려면?

돈의 가치를 알아보고 싶거든
남에게 돈을 꿔달라고 요청해 보아라.
— 새뮤얼 스마일즈(Samuel Smiles)

왜 내 신용을 평가해?

신용점수

금융회사 가운데 대출 금리가 제일 낮은 곳은 일반은행이다. 그런데 일반은행이 아니라 상호저축은행이나 새마을금고 등 다른 금융회사에서 돈을 빌리는 사람이 있다. 심지어 대부업체에서 대출받는 사람도 나온다. 이들은 왜 일반은행에서 대출받지 않을까?

대출받지 않는 게 아니라, 못하는 것이다. 일반은행이 대출해 주지 않기 때문이다. 몰라서가 아니다. 일반은행은 대출로 이자 수입을 벌 기회인데, 어떤 사람에게 대출해 주지 않는 걸까?

대출 상환 능력이 없다고 판단하는 사람이다. 대출로 이자를 벌 기회인 것은 맞지만, 자칫 돈을 돌려받지 못하면 은행이 고스란히 손실을 떠안기 때문이다.

💰 상환 능력을 나타내는 점수

은행은 한 사람이 대출 상환 능력이 있는지 없는지를 어떻게 판단할까? 이때 신용점수를 본다.

소득이나 자산이 많은 사람은 아무래도 대출을 상환할 능력이 좋다. 과거 대출에서 약속대로 상환한 적이 있는 사람도 대출 상환 능력이 좋다고 합리적으로 추론할 수 있다. 신용카드 대금 결제나 각종 공과금 납부를 연체한 적이 없는 사람도 연체 경력이 있는 사람보다 믿을 만하다. 현재 소득에 비해 빚이 많이 있는 사람, 최근 급히 대출받은 적이 있는 사람은 반대로 상환 능력 판단에 부정적으로 작용한다.

이처럼 개인의 대출 상환 능력에 영향을 준다고 볼 수 있는 여러 요인을 종합적으로 고려해 하나의 점수로 나타낸 게 신용점수다. 최저 1점부터 최고 1,000점까지로 측정한다. 신용점수가 높을수록 신용이 좋고 상환 능력이 우수하다고 평가한다.

💰 신용 평가를 전문으로 하는 회사

고객의 신용을 정확하게 평가하는 일은 쉽지 않다. 그래서 신용을 평가하는 일만 전문적으로 하는 신용평가회사가 생겨났다.

신용평가회사들은 금융회사, 금융기관, 공공기관 등이 제공하는 개인의 각종 거래 내역과 정보를 수집해 신용 상태를 평가하고 점수화한다. 신용평가회사마다 중요하게 여기는 항목과 가중치가 조금씩 달라서 같은 사람이라도 신용점수가 조금씩 차이가 난다.

금융회사는 신용평가회사가 산정한 신용점수와 자체적으로 보유하고 있는 고객 정보를 반영해 대출 조건을 결정한다. 신용점수가 높은 고객에게는 낮은 금리로 대출해 주지만, 신용점수가 기준에 미달하는 고객에게는 아예 대출해 주지 않는다.

즉, 일반은행에서 대출을 거절당한 사람이 상호저축은행에 간다고 대출을 무조건 다 받는 건 아니라는 말이다. 일반은행보다는 기준이 낮긴 하지만, 신용점수가 일정 수준에 미달하는 사람에게는 상호저축은행에서도, 새마을금고에서도 대출해 주지 않는다. 설령 빌려주더라도 대출 금리가 비교적 높다.

예를 들어 1억 원을 빌릴 때 신용점수가 높은 사람은 대출 금리 4%가 적용돼 한 달에 33만 원의 이자를 내야 한다. 신용점수가 낮은 사람은 금리 10%에 대출받아 한 달에 이자만으로 83만 원을 내야 한다. 두 사람 사이의 이자 차이가 1년에 무려 600만 원이다.

이처럼 신용점수가 중요함에도 자신의 점수가 얼마인지 모르는 사람이 많다. 자신의 신용점수를 조회하면 오히려 점수가 떨어질 수 있다고 염려하는 사람도 있다. 실제로 점수 조회가 신용점수에 나쁜 영향을 미쳤던 시절이 있었다. 자신의 신용점수에 불안감을 느끼는 사람이 점수를 조회할 것이라는 신호로 받아들였기 때문이다.

그러나 이제는 아니다. 신용점수를 관리하려면 조회가 필요하고, 주기적인 점수 조회가 바람직한 습관이라고 여기기 때문이다. 평소 자신의 신용점수를 확인하고 만족스럽지 못하다면 점수를 높이도록 관리해야 한다.

오뉴월 품앗이를 먼저 갚으라고?

신용 관리

학교 다니면서 싫은 것 가운데 하나가 평가다. 중간시험, 기말시험을 통해서 평가받고, 과제물에 대해서도 수행평가가 있다. 어른이 되어도 평가받으며 산다. 회사에서는 물론 심지어 아파트 단지 내에서도 몇 호 아빠는 애랑 잘 놀아주고 설거지도 자주 한다며 이웃 사람들의 평가가 내려진다.

이런 평가 말고도, 성인이라면 예외 없이 받게 되는 중요한 평가가 하나 더 있다. 신용에 대한 평가다. 신용을 뜻하는 영어 크레디트(credit)는 라틴어 크레디툼(creditum)에서 유래됐다. '믿다' 또는 '믿음을 주다'라는 뜻이다.

물건과 물건을 직접 주고받는 물물교환 시대에는 물건을 눈으로 확인하고 교환했으므로 지금처럼 신용이 중요하지는 않았다.

돈을 사용해 거래하는 화폐경제 시대로 들어서면서 신용이 중요해지기 시작했다. 신용카드 거래 등 외상 거래와 대출 거래가 급증하면서 신용의 중요성도 커졌다.

"사업은 망해도 괜찮아, 하지만 신용을 잃으면 그걸로 끝이야."

현대그룹을 창업한 정주영 회장이 신용과 관련해 남긴 말이다.

💰 신용이 나빠지면 벌어지는 일

신용카드 대금이나 대출 이자를 제때 갚지 못하면 연체 이자●가 붙는다. 대출 이자에 연체 이자까지 더해지는 복리가 적용되므로 갚아야 할 돈이 눈덩이처럼 불어난다.

스마트폰 이용 대금을 갚지 못하는 경우도 마찬가지다. 하지만 문제는 지금부터다. 이런 사람들은 신용 불량자로 분류되기 시작한다. 금액과 관계 없이 대출금을 3개월 이상 연체하거나, 5만 원 이상의 신용카드 대금을 3개월 이상 연체할 때 신용불량자가 된다. 정부가 부르는 공식 명칭은 금융 채무 불이행자다. 세금 500만 원 이상을 1년 이상 체납하거나 1년에 3회 이상 체납해도 신용불량자가 된다.

다행히 연체금을 모두 갚더라도, 상당 기간 신용 불량의 낙인이 지워지지 않는다. 그러므로 처음부터 신용 불량이 발생하지 않도록 하는 게 가장 좋다.

💰 신용, 절대 지켜!

"손해를 볼망정 신용은 잃지 마라."

과거 개성 상인들이 철칙으로 여겼던 신념

연체 이자

신용카드 이용 대금 결제일에 대금을 입금하지 못해 납부가 지체되었을 때 부과되는 이자를 말한다.

<table>
<tr><th>해야 할 것</th><th>하지 말아야 할 것</th></tr>
<tr><td>

• 신용카드 숫자를 줄이고 사용액을 추적한다.
• 매달 갚을 상환액은 소득의 15~20%로 유지한다.
• 주거래 은행을 집중해서 이용한다.
• 적어도 1년에 한 번 신용 상태를 점검한다.

</td><td>

• 신용카드를 충동적으로 사용한다.
• 대출금, 신용카드 사용 대금, 세금, 공과금을 연체한다.
• 마이너스 통장 ● 에 의존한다.
• 확실한 상환 계획이 없으면서 대출을 받는다.

</td></tr>
</table>

신용 관리 요령

이었다. 상거래에서 신용은 생명이라는 경험에서 우러나온 철칙이다.

신용이 없는 사람은 사회에서 믿을 수 없는 사람으로 인식돼, 공무원이 되거나 일반 기업에 취업하는 데 제약이 있다. 그래서 현대 사회에서 신용 상실을 종종 경제적 죽음에 비유한다.

평소에 신용을 잘 관리해 신용점수를 높게 유지해야 한다. 신용 관리의 핵심은 상환 능력을 벗어나는 빚을 만들지 않으며, 만약에 부득이 빚을 지면, 무슨 일이 있어도 갚는 것이다.

마이너스 통장

금융회사와 미리 계약한 한도 안에서 수시로 돈을 빌려 쓸 수 있는 대출 통장이다.

오늘 쓴 카드가 내일의 빚이라고?

신용카드와 신용카드사

진수는 옷 가게 앞에 멈춘다. 평소에 사고 싶었던 옷이 대폭 할인 중이다. 지갑을 보니 현금이 없다. 은행 통장에도 남아 있는 잔액이 별로 없다. 이번 달 월급이 들어오려면 아직 2주나 남았다. 그때면 할인 기간이 끝나고 옷이 남아 있을 것 같지 않다. 어쩌면 좋을까?

돈을 빌리자. 그런데 누구에게서? 내게 돈을 빌려주긴 할까? 온갖 생각이 꼬리에 꼬리를 물고 뇌리를 스친다. 이때 구원자로 나선 곳이 신용카드사다. 친구나 동료가 아니라 생면부지의 신용카드사가 돈을 빌려준다. 서로 만날 필요도 없고 친구들 사이에 소문이 날 이유도 없다. 신용카드사가 만들어 준 신용카드만 있으면 현금이 한 푼 없어도 당장 물건을 살 수 있다.

공짜로 물건을 살 수 있게 해주는 마법 같다. 자고로 신기한 것은 위험한 것, 무엇인가 가려진 것은 은밀한 법이다.

신용카드를 사용하는 순간부터 대금 결제까지의 과정을 들여다보자. 신용카드를 사용하면 신용카드사가 대신 돈을 내준다. 순식간에 대출이 이뤄진 셈이다. 꼭 은행에 가서 복잡한 서류에 서명하는 대출만 있는 게 아니다. 매우 신속하고 편리한 대출이다.

진수가 신용카드로 옷을 산다. 옷을 쇼핑백에 담아 매장을 나서는 것으로 일단 거래가 끝난다. 진수는 돈 한 푼 내지 않고 옷을 산 셈이다. 이제 매장 주인은 옷을 판 매출 전표를 신용카드사에 제시한다. 신용카드사는 매장 주인에게 매출 전표에 있는 금액의 돈을 지급한다. 그리고 한 달에 한 번 진수에게 이용 대금을 갚으라고 고지서를 보낸다. 진수가 결제일에 대금을 신용카드사에 납부하면 비로소 옷 구매와 관련된 거래가 모두 마무리된다.

옷 가게가 신용카드를 사용한 구매를 허용하는 이유는 뭘까? 만약 옷 가게가 소비자와 직접 외상으로 거래한다면, 돈을 받으려 직접 뛰어다녀야 하고 간혹 돈을 받는 데 실패한다. 그러나 신용카드를 통한 거래에는 이 모든 과정이 신용카드사의 몫이다.

매장 주인은 오로지 장사에만 신경 쓰면 된다. 신용카드사가 돈을 지급해 주기 때문이다. 소비자들은 신용카드로 결제할 때 씀씀이가 헤픈 경향이 있어, 가게 매출이 늘어난다는 점도 긍정적이다.

편리한 만큼 위험하다고?

신용카드사가 한 달에 한 번, 대금을 청구할 때까지 진수는 대금을 지급할 필요가 없다. 지금 사고 결제는 나중에 하는 후불이므로 사용 대금만큼 빚이 쌓인다. 진수가 옷 구매 대금만큼 대출받은 셈이지만, 이 기간엔 이자도 붙지 않는다. 편리하다.

대신 결제 날짜를 지키지 못하면 가혹한 처벌이 가해진다. 은행에서 대출받을 때보다 훨씬 많은 연체 이자가 붙는다. 약속을 어긴 데 따른 일종의 징벌이다.

모순처럼 들리지만 매달 밀리지 않고 꼬박꼬박 결제 대금을 갚는 사람은 신용카드사가 좋아하지 않는 고객이다. 고리의 이자를 벌 기회를 주지 않아서다.

마지막으로 신용카드사를 보자. 신용카드사는 신용카드를 발급해 주고 관련 업무를 처리하는 금융회사다. 금융회사이면서도 사람들로부터 예금을 받지 않으며 환전 업무도 하지 않는다. 신용을 줘서 대출 업무만 전문으로 할 뿐이다.

신용카드사는 어떻게 돈을 벌까? 한 달 동안 이자도 받지 않으면서 왜 신용카드 소지자에게 돈을 빌려줄까? 돈을 갚지 못하는 사람이 생기면 엄청난 손해이지 않을까? 신용카드사는 매장 주인이 제출한 매출 전표를 근거로 대금을 결제해 주면서 일정 금액의 수수료를 뗀다. 이것이 신용카드사의 첫 번째 수입이다. 수수료율은 업종별로, 가맹점 규모별로, 신용카드사별로 제각각이다. 보통 0.4~2.3%의 수수료율이 적용된다(2025년 기준).

신용카드사는 신용카드를 사용할 수 있는 권한을 주는 대가로 카드 소지자로부터 연회비를 받는다. 카드를 사용하는 편리함에 대한 대가인 셈이다. 연회비도 신용카드사의 쏠쏠한 수입이 된다. 여기에 연체 이자도 있다.

급한 불 끄려다가 더 큰 불이 난다고?

현금 서비스와 리볼빙

　신용카드로 결제하려는 고객에게 가게 주인이 현금 결제를 유도하는 경우가 있다. 여기에는 두 가지 목적이 있다.

　현금으로 받아 탈세하려는 목적이 첫 번째다. 현금 매출은 전산에 기록되지 않아 국세청이 세금을 부과하지 못하기 때문이다. 현금으로 결제해도 현금 영수증을 발급받으면 거래 기록이 국세청에 전달되므로 탈세를 예방할 수 있다. 하지만 가게는 현금 영수증을 발급하지 않는다는 조건을 받아들이는 고객에게 가격의 10%를 할인해 주겠다며 달콤한 당근을 던진다. 저렴한 가격에 물건을 살 수 있으니 많은 소비자가 이 유혹을 뿌리치지 못한다. 결국 가게의 탈세를 간접적으로 도와주는 셈이다.

　가게가 현금 결제를 선호하는 두 번째 목적은 신용카드 수수료를 피하고 매출 규모를 줄이기 위해서다. 어떤 가게는 신용카드 수수료를 고객에게 떠넘기기 위해서, 현금 대신 신용카드를 사용하겠다는 고객에게 가격을 더 높게 부르기도 한다.

둘 다 위법 행위다. 「여신전문금융업법」 제19조 1항은 "신용카드 가맹점은 신용카드로 거래한다는 이유로 결제를 거절하거나 신용카드 회원을 불리하게 대우하지 못한다"라고 명시하고 있다.

또한 같은 법 제19조 4항은 "신용카드 가맹점은 가맹점 수수료를 신용카드 회원이 부담하게 하여서는 아니 된다"라고 규정하고 있다.

💰 현금 서비스는 친절한 서비스일까

신용카드사는 현금 서비스라는 '친절한' 서비스를 제공한다. 신용카드 소지자에게 현금을 직접 빌려주는 것이다. 이름도 그럴듯하다. 신용카드 소지자로서는 은행에서 대출받을 때와 달리 별다른 서류를 준비하지 않아도 되고 편의점 등 곳곳에 설치되어 있는 기기에서 바로 현금을 인출할 수 있어 편리하다.

하지만 명심하자. 신용카드 현금 서비스도 분명히 대출이다. 편리함이라는 이면에는 상당히 높은 대출 금리가 있다. 은행에서 대출받는 경우보다 훨씬 높다. 정말 긴급한 일이 아니면 현금 서비스는 피해야 한다. 현금 서비스의 이자는 이용 날짜 수에 따라 계산되므로 불가피하게 현금 서비스를 받았다면 최대한 빨리 갚는 게 유리하다.

자신의 상환 능력을 벗어나 신용카드를 남용하는 사람이 있다. 이런 사람에게 신용카드란 자신이 마치 부자가 된 듯 착각하게 만드는 환각제와 같다. 쓸 때는 좋지만 갚을 날이 되면 환각에서 깨어나 땅을 치며 후회한다.

이들 가운데 일부는 편법을 쓰다 더 큰 화를 자초한다. 갚을 돈이 없는 경우 다른 신용카드에서 현금 서비스를 받아 결제하는 방법이다. 그리고 다시 이 신용카드의 결제일에 돈이 없으면 또 새로운 신용카드를 활용해 갚는다.

이처럼 여러 장의 신용카드로 이른바 돌려막기를 해서 간신히 한 달 한·달을 버텨나가는 사람들의 종착지는 불을 보듯 뻔하다. 현금 서비스 이자는 눈덩이처럼 불어난다.

"아랫돌 빼어 윗돌 괸다."

이 속담처럼 임시변통을 오래 유지할 수 없다. 곧 돌려막기의 한계에 다다른다. 다음은 곧 파산이라는 저승사자가 기다린다.

252

💰 나중에 나눠 갚으라는 유혹

무분별하게 신용카드를 많이 사용한 뒤, 다음 달에 갚을 돈이 충분하지 않은 사람들이 많다. 이들은 대금 결제를 연체하면 엄청난 연체 이자가 추가되고, 자칫 신용점수에도 악영향을 미칠 수 있다는 사실을 잘 알고 있다.

이에 착안해 신용카드사는 연체하지 않으려는 소지자에게 달콤한 유혹을 하나 던진다. 매달 청구되는 신용카드 대금을 다 갚지 말고 일정 비율만 갚으라는 것이다. 나머지 대금은 다음에 갚으라고 말한다. 여기에서 '일정 비율'은 고객이 직접 선택할 수 있다.

"이게 웬 떡이야!" 하면서 제안을 받아들인 고객은 다음 달 고지서를 보고 소스라치게 놀란다. 대금을 내지 않고 미룬 금액에 이자가 엄청나게 붙은 결과다. 그제야 깨닫는다.

"그럼 그렇지, 이 세상에 공짜가 어딨어?"

이처럼 청구 대금의 일부만 납부하고 나머지를 뒤로 미루는 제도를 리볼빙(revolving)이라고 한다. 회전하다는 뜻의 리볼브(revolve)에서 유래했다. 회전문처럼 결제 대금이 뒤로 밀린다.

또 다른 말로 일부결제금액이월약정이라고도 한다. 카드값을 제때 갚기 어려울 때 리볼빙을 이용하면 연체 사실이 남지 않아 신용점수가 떨어지는 일은 막을 수 있지만, 수수료가 매우 높아 자칫 잘못했다가는 신용카드 빚의 노예가 될 수 있다. 게다가 잘못된 버릇으로 자리 잡을 우려가 있다.

이것도 대출이라니?

마이너스 통장

가급적 다른 사람의 돈을 빌리지 않으며 생활하는 게 좋다. 아니, 여윳돈을 만들어 은행에 돈을 빌려주거나 투자하는 삶이 더 좋다.

하지만 안타깝게도 인생이 늘 마음대로 되지는 않는다. 부득이 돈을 빌려야 하는 상황이 발생한다. 가족을 위해 집을 마련할 때, 사업을 시작할 때, 교육을 위해 학자금이 필요할 때 등이다. 이유가 무엇이든 일단 대출받은 금액은 빚(부채)이 된다.

대출을 결정할 때 제일 중요하게 고려해야 할 요소는 당연히 대출 이자다. 원금만 고려하지 말고 이자까지 갚을 능력이 있는지를 검토하고 대출 여부를 판단해야 한다. 급한 마음에 성급하게 대출했다가 대출 이자를 제때 갚지 못하면, 연체 이자가 대출 원금에 추가되고 갚아야 할 대출 이자가 눈덩이처럼 불어난다. 복리이기 때문이다.

💰 고정 금리 아니면 변동 금리?

대출 금리에는 두 종류, 고정 금리와 변동 금리가 있다.

대출받을 때 계약서에 명시한 금리가 만기 때까지 유지되는 게 고정 금리다. 시장에서 금리가 올라도 염려할 필요가 없다는 게 최고의 장점이다. 물론 단점도 있다. 대출 후 시장에서 금리가 내려가더라도 혜택을 보지 못하고 계약 당시의 높은 금리에 따른 이자를 내야 한다. 계약할 때 정해 놓은 금리가 있어도 시장 금리의 변동에 연동해서 바뀌는 게 변동 금리다. 시장에서 금리가 올라가면 이자 부담이 따라서 증가한다.

어느 금리를 선택하는 게 좋은지 한마디로 단정해 말할 순 없다. 고정 금리가 유리해 보이지만, 은행에서는 처음부터 변동 금리보다 높게 책정한다. 미래에 금리가 어떻게 될지 모르니 미리 반영해 처음부터 금리를 높게 정하는 것이다. 한편, 시장에서 금리가 사람들의 예상을 벗어날 만큼 아주 큰 폭으로 올라간다면 고정 금리가 유리할 수 있다.

💰 마통이 뭐야?

진수는 요구불 예금 통장, 즉 입출금이 자유로운 통장을 갖고 있다. 당연히 진수는 통장 잔액까지만 돈을 자유롭게 찾을 수 있다. 잔액이 10만 원인데 11만 원 찾기는 불가능하다.

그런데 이 불가능을 가능하게 만드는 게 있다. 진수는 은행에서 마이너스 통장, 줄여서 '마통' 계약을 500만 원 한도로 맺었다. 이제 진수는 잔액 외에 추가로 최대 500만 원까지 자유로이 돈을 찾아 쓸 수 있게 된다.

진수가 잔액 이상으로 돈을 찾으면, 은행 통장 잔액에는 마이너스 금액이 기록된다. 마이너스 금액이니 은행 통장에 채워야 할 돈이며, 직설적으로 말하면 마이너스 금액만큼 대출받은 것이다. 수시로 필요에 따라 찾고, 돈이 생길 때 마이너스 금액, 즉 대출금을 채워 넣으면 된다.

급하게 돈이 필요한데 은행에 대출 신청을 하면 승인되기까지 오랜 시간이 걸린다. 또 몇백만 원 정도를 빌리기 위해 대출 서류를 일일이 작성해야 하는 등 절차가 번거롭다. 이런 상황에서 즉시 대출받을 수 있게 개발한 대출 상품이 마이너스 통장이다. 한번 개설하면 은행과 별도의 대출 계약 없이 수시로 돈을 융통할 수 있다는 편리함과 신속함이 있다.

그러나 공짜는 없다. 대출 금리가 상당히 높은 편이다. 마이너스 금액에 대해 매달 대출 이자가 더해진다. 대출 초기에 "생각보다 이자가 적네?" 하며 방심하다간 큰코다친다. 여유 자금이 생기면 우선해서 마이너스 통장의 잔액을 플러스로 되돌려야 한다.

대출 이자를 적게 내려면?

상환 방법

진수는 은행에서 대출 조건을 문의하면서, "만기일에 원금과 이자를 한꺼번에 내겠다"라고 말했다. 그러나 은행원은 불가능하다고 했다. 왜 그럴까? 신용점수가 모자란 것도 아닌데 말이다.

은행 대출에서 만기일에 원금과 이자를 한꺼번에 모두 갚는 방식은 없다. 매달 조금씩 나눠서 만기일까지 꾸준히 갚아나가는 방식만 있다. 여기에도 다시 여러 방식이 있는데, 은행원이 진수에게 제시한 상환 방식은 세 가지다.

첫째, 매달 대출 이자만 갚다가 만기 때 대출 원금을 한 번에 갚는 방식이 있다. 만기 일시 상환이라고 부른다. 만기 전까지는 매달 일정한 이자만 상환하면 된다.

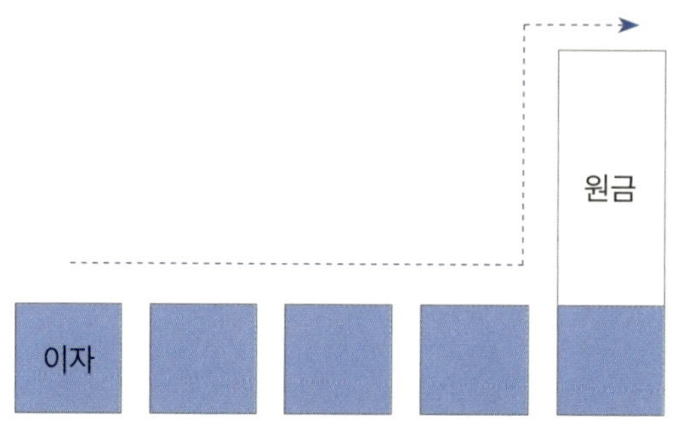

만기 일시 상환

둘째, 대출 원금을 매달 균등하게 나눠 갚으면서, 남은 대출 원금에 대한 이자도 매달 납부하는 방식이 있다. 이것이 원금 균등분할 상환이다. 갚아야 할 대출 원금이 매달 조금씩 줄어들므로 상환해야 할 이자도 계속 줄어든다.

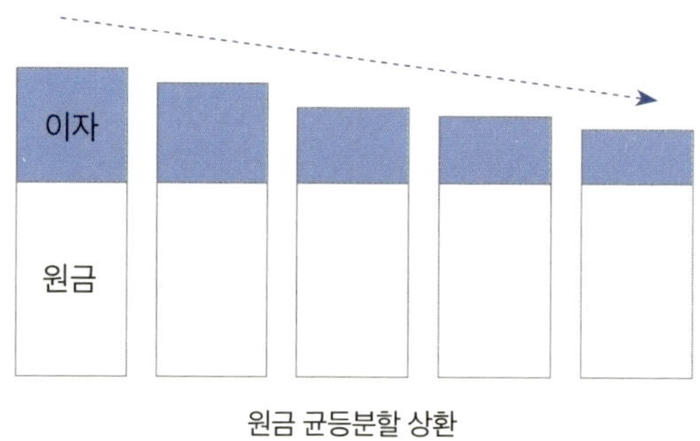

원금 균등분할 상환

셋째, 대출 원금과 이자를 모두 합한 금액을 매달 균등하게 나눠 갚는 방식도 있다. 이를 원리금 균등분할 상환이라고 한다. 만기까지 매달 일정한 금액을 상환한다.

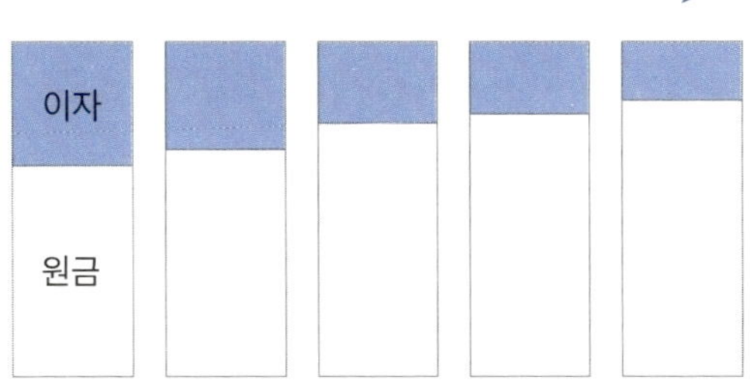

원리금 ● 균등분할 상환

💰 조삼모사 아니면 조사모삼

어렵고 복잡해 보이는 게 사실이다. 각 방식에 따라 상환 부담이 달라진다. 따라서 능력에 맞는 상환 방법을 합리적으로 선택할 줄 알아야 상환 부담을 조금이라도 덜 수 있다. 욕심부리다가 상환 능력을 벗어나 대출을 갚기 위해 다시 돈을 추가로 빌려야 하는 최악의 상태에 직면하지 않도록 말이다. 그러니까 돈을 빌릴 때도 금융 지식이 필요하다는 말이다.

만기 일시 상환 방식에 따르면, 만기까지는 상환 부담이 적다. 하지만 만기 때 원금을 한꺼번에 갚아야 해 부담이 갑자기 커진다. 한편, 원금 균등분할 방식을 선택하면 시간이 지날수록 상환 부담이 줄어든다. 매달 남아 있는 대출 원금이 줄어들기 때문이다.

계산이 복잡해 매달 상환액을 개인이 직접 계산하기는 매우 힘들다. 다행히 우리에게는 유용한 사이트나 애플리케이션이 있어 상환 방식별로 매달 갚아야 할 상환액과 이자를 간편

원리금

원금과 이자를 합친 금액이 원리금이다.

하게 계산할 수 있다.

진수는 1억 원을 10년(120개월) 만기에 걸쳐 금리 5% 조건으로 대출받았다. 세 가지 방식에 따라 진수가 매달 상환해야 할 금액을 비교하면 다음의 표와 같다.

상환액	만기 일시 상환	원금 균등분할 상환	원리금 균등분할 상환
1회차	416,667	1,250,000	1,060,655
12회차	416,667	1,211,806	1,060,655
24회차	416,667	1,170,139	1,060,655
⋮	⋮	⋮	⋮
108회차	416,667	878,472	1,060,655
120회차(만기)	100,416,667	836,806	1,060,655
부담하는 이자 총액	50,000,000	25,208,333	27,278,618

상환 방식에 따른 월 상환액과 이자 총액 ●

부담하는 대출 이자 총액이 가장 적은 건 원금 균등분할 방식이다. 진수는 이자를 적게 내고 싶어 이 방식을 택한다. 하지만 초반에는 매달 상환해야 할 돈이 많이 필요하다. 지금은 상환 여건이 좋지 않지만 향후 개선될 것으로 예상한다면, 초반에 부담이 가장 적은 만기 일시 상환을 선택하면 좋다. 그러나 세 가지 방식 가운데 부담해야 할 이자 총액이 가장 많다. 원금 균등분할 상환 방식의 거의 두 배다.

● 핀다의 대출 이자 계산기를 이용해, 1억 원을 5% 금리로 10년 만기 대출하는 경우를 계산한 것임.

저승사자보다 무서운 돈

사채와 대부업

진수는 1,000만 원을 30% 금리로 빌렸다. 그러나 갚기로 약속한 날까지 돈을 마련하지 못해, 갖고 있는 300만 원만 우선 채권자에게 갚았다. 채권자는 약속을 어겼다며 연체 이자와 각종 수수료를 적용해 1,500만 원을 갚아야 한다고 말했다.

남은 빚이 1,000만 원이라고 생각했던 진수는 하늘이 무너져 내리는 것 같았다.

그러자 채권자는 낙심하는 진수에게 2,000만 원을 새로 대출해 주겠다며 친절하게 제안했다. 돈이 급한 진수는 덥석 이 제안을 받아 들였다.

그러나 이는 더 깊은 함정이었다. 채권자는 금리를 두 배로 올렸고, 여기에 다시 수수료를 부과했다.

이게 다가 아니었다. 이자를 먼저 떼고 나머지 돈만 내줬다. 결국 진수가 손에 쥔 돈은 2,000만 원이 아니라, 고작 300만 원 정도에 불과했다. 그러나 갚아야 할 빚의 원금은 이제 2,000만 원으로 불어났다.

💰 악덕인 이유가 있네

일반적인 금융 거래는 정부가 인정한 금융회사를 통해서 이뤄시며, 관련 법과 제도의 보호를 받는다. 그러나 금융회사를 통하지 않고 개인과 개인 사이에도 금융 거래가 일어나곤 하는데 이를 사금융이라고 한다. 여기에서 오고 가는 돈이 사채다. 사채를 내주고 터무니없이 많은 이자를 받는 일을 전문으로 하는 사람을 사채업자라고 부른다.

위 이야기는 실제로 있었던 일이다. 이 정도는 아무것도 아니다.

경찰 자료에 의하면 미용실을 운영하는 한 여성에게 2억 3,000만 원을 빌려준 사채업자는 이자로만 11억 4,000만 원을 받았다고 한다. 연간 금리로 따지면 무려 2,555%가 된다. 기가 찰 노릇이다. 그래서 사채나 사채업자 앞에는 항상 '악덕'이라는 수식어가 붙는다.

💰 배보다 배꼽이 더 클 수가 있다

소규모로 사업하거나 장사하는 사람들 가운데 사채를 이용하는 경우가 의외로 많다. 사업상의 이유가 아니더라도 사람들은 막다른 골목에 몰리면 어쩔 수 없이 사채업자를 찾는다. 돈은 필요한데, 금융회사에서는 신용점수가 모자란다며 대출을 거절하니 항상 웃는 얼굴로 맞이하는 사채업자에게서 급히 돈을 빌린다. 그래서 사람들은 사채의 함정에 쉽게 빠지고 만다.

정상적인 금융의 손길이 미치지 않는 어려운 사람이나 기업에 자금을 공급해 준다는 긍정적 측면이 있기는 하지만, 사채는 부정적인 측면이 훨씬 크다. 우선 사채는 엄청난 고금리로 고객을 괴롭힌다. 금리가 연평균 수백 프로를 넘는 일이 다반사다. 배보다 배꼽이 더 커, 원금보다 이자가 더 많다. 「이자제한법」에 따르면, 금리를 연간 20%(2024년 기준) 이상 받지 못한다. 그러나 사채는 법의 사각지대에서 법을 보란 듯이 비웃는다.

이와 같은 고금리를 견딜 수 있는 사람은 없다. 고객이 대출을 상환할 수 없는 처지가 되면 사채업자는 공갈, 협박, 폭력이라는 무시무시한 수단을 가한다. 빚을 갚지 못하면 살점을 도려내겠다는, 『베니스의 상인』에 나오는 고리대금업자 샤일록 뺨친다.

💰 사채 이용은 절대 노! 노!

사채의 또 다른 문제는 탈세다. 불법으로 은밀하게 거래가 이뤄지므로, 사채업자들은 엄청난 수익을 올려도 세금을 내지 않는다. 서민은 예금에서 받는 단돈 1,000원의 이자에 대해서도 세금을 꼬박꼬박 내는데, 분통이 터질 일이다. 이외에도 지하 자금, 비자금, 뇌물 등 불건전한 돈이 사채 시장을 통해서 은밀하게 거래되고 세탁된다.

불법 사채로 인한 피해가 늘어나자, 정부가 2002년에 대책으로 내놓은 게 대부업이다. 사채 시장에 있는 음지 자금을 양지로 끌어들이면서 최소한의 정부 규제에 따라 대출이 이뤄지도록 하겠다는 게 취지였다.

원하는 사채업자는 등록만 하면 대부업을 할 수 있다. 대부업체도 최고 연 20%까지의 이자만 받을 수 있으나, 교묘한 방법으로 법을 어기면서 훨씬 높은 금리로 서민을 괴롭히는 대부업체가 많이 있다. 광고를 많이 하는 바람에 대부업체에 친숙해진 사람들이 별생각 없이 대부업체의 문을 두드리곤 하는데, 고금리 대출이라는 사실을 잊어서는 안 된다.

소액이라도 대부업체에서 대출을 한 번 받게 되면 신용 등급에 적신호가 켜진다. 대부업체에 기웃거릴 정도면 이미 제1금융권이나 제2금융권에서 대출이 불가능한 사람이라고 신용평가사가 간주하기 때문이다. 대부업자도 대부업체는 절대 이용하지 않는다는 말이 있다. 마치 불량식품 제조업자가 자식에게는 자기 회사 식품을 먹지 못하게 하는 것과 같다.

수요가 있으면 공급이 생기는 법이다. 사채에 대한 수요가 있으니 사채업자가 있고 폭리를 취하는 것이다. 사채가 초래하는 불법 피해를 법으로만 막기에는 한계가 있다. 근본적인 해결책은 사채에 대한 수요를 줄이는 길이다.

이는 금융시장의 발전을 통해서 가능하다. 사람마다 제각각인 신용점수에 맞춰 합리적인 차별성을 가지고 다양한 조건으로 대출해주는 금융회사들이 더 다양하게 생겨난다면, 사람들이 굳이 사채업자에게 의존할 필요가 없을 것이다. 금융이 발달한 선진국일수록 사채업 비중이 작다는 사실이 이를 뒷받침한다.

'엄카' 대신 '내카' 긁자

매달 일정 수준 이상의 소득이 있고 은행 계좌에 일정한 잔액 이상이 있는 사람만 신용카드를 발급받을 수 있는 게 원칙이다. 갚을 능력이 있는 사람으로 인정받기 위한 최소한의 요건이다. 그래서 19세 이상의 성인과 신용점수가 어느 수준 이상인 사람만 신용카드를 받을 수 있다.

그러다 보니 간혹 미성년 자녀가 부모의 신용카드를 빌려서 쓰는 일이 생겼다. 이른바 카드의 꽃, '엄카(엄마카드)'다. 부모의 허용 아래 자녀에게 빌려주는 신용카드다. 하지만 이는 엄밀히 말하면 법 위반이다. 법에 따르면 본인 이름으로 발급된 신용카드를 타인에게 양도할 수 없다. 카드 서명란에 본인이 직접 서명하고, 본인 외에 배우자나 가족이 사용하게 해서는 안 된다.

불법이지만 엄연히 행해지고 있는 현실을 감안해, 정부는 만 12세부터 본인 명의의 신용카드를 발급받을 수 있도록 허용했다. 후불형 교통카드로도 사용할 수 있게 되면서 청소년들이 충전에 따른 불편함을 겪지 않아도 된다. 단, 소득이 없는 미성년자이니만큼 부모의 동의가 필요하다. 부모의 신용을 토대로, 청소년 자녀의 신용카드를 발급받게 해주는 거다.

성인이 사용하는 일반 신용카드에 비해 일부 제약이 있다. 우선 신용카드를 사용할 수 있는 업종이 제한적이다. 교통, 문구점, 서점, 편의점, 학원, 카페, 음식점, 배달앱, PC방 등 학생이 주로 이용하는 곳에서 사용할 수 있다.

사용 금액에도 한도가 있다. 기본적으로 한 달에 10만 원 한도이지만, 부모가 한도를 변경할 수 있다.

청소년의 신용카드 소유, 빛과 그림자

정부는 청소년이 타인의 신용카드를 사용하는 관행을 개선하고, 소비활동의 편의성을 높일 수 있다는 점을 신용카드 발급 허용의 긍정적 기대 효과라고 말한다. 적은 금액부터 시작해서 신용카드를 합리적으로 사용하는 연습을 직접 체험함으로써 건전한 카드 사용 습관과 올바른 소비 지출 습관을 형성할 수 있다는 효과도 내세우고 있다.

청소년 시절부터 자신의 판단에 따라 합리적으로 카드를 사용하는 능력을 배우도록 하겠다는 취지다. 살아 있는 금융 교육이다. 알림 서비스를 통해 부모는 자녀의 신용카드 사용 내역을 실시간으로 확인할 수도 있다.

빛이 있다면 그림자도 있다. 아직 금융 개념이 정립되지 않은 청소년에게 무분별한 카드 소비를 부추기는 것은 아닌가 하는 우려의 시선이 많다. 결국 카드 대금을 갚는 것은 부모이기 때문이다.

한편, 보이스 피싱 같은 금융 범죄나 학교 폭력 가해자에게 돈을 빼앗기는 창구가 될 수도 있다. 청소년 사이에 유행하고 있는 도박 등에 빠져 불법 대출이 성행할 가능성도 배제하기 힘들다.

6장

위험을 이겨내려면?

부자가 되는 한 가지 방법이 있다.
내일 할 일을 오늘 하고, 오늘 먹을 것을 내일 먹어라.
—『탈무드』 중

공든 탑이 무너질 수 있다고?

위험 관리

진수는 맛있는 걸 먹거나 좋은 곳에 가서 즐기고 싶은 욕망을 꾹 참아가며 푼돈을 꾸준히 모았다. 덕분에 지금까지 만져본 적 없는 돈을 통장에 모으는 데 성공했다.

어느 날 진수는 운전 중 순간의 실수로 큰 교통사고를 냈다. 수천만 원의 보상비가 들어가 통장의 돈이 하루아침에 사라졌다. 수년의 땀과 절약의 결과가 순식간에 사라졌다. "공든 탑이 무너지랴"라는 속담이 있지만, 위험은 공든 탑도 하루아침에 무너뜨린다는 사실을 체험했다.

남의 일이라 여길 수도 있겠지만 실제로 우리 삶의 여정에는 진수처럼 예상하지 못한 위험과 사고가 불시에 예고 없이 닥친다. 그나마 진수는 모아놓은 돈이라도 있어 위험을 극복하고 새로 시작할 수 있었다. 모아놓은 돈마저 없었더라면? 이런 일을 막을 방법은 없을까?

💰 나는 위험 둔감형? 위험 민감형?

사람은 일반적으로 위험을 싫어하고 되도록 피하려 한다. 자신이 위험을 얼마나 싫어하는지 다음 방법으로 측정해 볼 수 있다.

동전을 던져 앞면이 나오면 10만 원을 받고, 뒷면이 나오면 한 푼도 받지 못하는 게임이 있다고 하자. 게임 참가비가 최대 얼마라면 이 게임에 도전하겠는가? 참고로 동전의 앞면과 뒷면이 나올 확률이 각 2분의 1이므로, 게임의 기대 이득은 5만 원이다.

만약 참가비가 기댓값인 5만 원보다 작다면, 가령 4만 원이라면 게임에 참가하는 게 유리하다. 4만 원을 내면서 5만 원의 수익을 기대할 수 있기 때문이다. 하지만 참가비가 4만 원이라도 게임에 참가하기를 망설이는 사람이 대부분이다. 기댓값은 기댓값일 뿐, 만약 뒷면이 나오면 한 푼도 받지 못하고 참가비만 날릴 수 있다는 두려움에 게임 참가를 포기한다. 위험을 싫어하는 사람이다.

반대로 참가비가 6만 원이라 해도 10만 원을 노리고 게임에 참가하는 사람도 있다. 위험을 상대적으로 즐기는 사람이다.

나에게 평생 위험이 발생하지 않으면 좋겠지만, 이는 인간이 통제할 수 있는 영역이 아니다. 인간이 할 수 있는 건 위험한 일이 생겼을 때 감당해야 할 금전적 피해를 최소화하거나 보장받는 방법을 모색하는 일이다.

개인이나 가정은 가지고 있는 자원이 한정되어 있다. 위험이 닥쳤을 때 취할 방법도 제한적이다. 감당할 수 있는 피해 규모도 작은 게 보통이다.

그래서 개인이나 가정은 질병, 상해, 사망, 화재, 과실, 도난, 강도,

사기, 노후 등 인생에서 겪을 가능성이 큰 위험들을 적절히 관리하며 살아야 한다. 축구 경기에서 골을 많이 넣는 것도 중요하지만 골을 먹히지 않는 것이 중요한 것처럼, 예상하지 못한 위험 발생으로 갑작스럽게 돈이 사라지는 사태에 대한 대비도 돈을 버는 일 못지않게 중요하다.

💰 기도보다는 관리

위험을 관리하는 방법에는 여러 가지가 있다.

위험 자체를 피하는 방법이 첫 번째다. 위험이 수반되는 물건은 아예 사지 않으며, 위험이 따르는 일이나 행동을 전혀 하지 않는 방법이다. 예를 들면, 교통사고 위험을 피하려고 자동차를 운전하지 않는다. 부상 위험이 있는 운동은 아예 멀리한다. 이 방법은 극히 소극적이며 비현실적이다. 오늘날 운전을 하지 않고 살기란 어려우며, 운전자가 아니더라도 교통사고 피해자가 될 수 있기 때문이다.

좀 더 현실적으로 위험을 감수하되, 위험 발생 가능성을 줄이거나 손실 규모를 축소하는 방법이 있다. 화재가 발생하지 않도록 집 안팎의 시설을 항상 살피고 모든 전기기구를 안전한 상태로 관리한다. 운전 중에는 안전띠를 반드시 매고, 절대 과속 운전을 하지 않는다. 자전거를 탈 때는 반드시 안전모를 착용한다.

마지막으로 위험을 이전시키는 방법이 있다. 위험이 발생할 때 초래되는 금전적 피해를 다른 사람이 보상하게 만드는 방법이다. 어린 자녀가 사고를 내면 부모가 대신 수습해 주는 것처럼 말이다. 가장 현실적인 방법으로서, 보험에 가입하는 방법이다.

‘어인모’라는 말을 들어본 적이 있는가? ‘어쨌든 인생은 모험’의 줄임말이다. 모험 없는 인생은 밋밋하므로 모험을 즐기는 사람들이 많다. 하지만 모험에는 위험이 따른다. 모험을 즐기되, 위험을 피할 도리가 없다면, 그 해법은 보험 가입이다.

순수한 위험만 보상한다니?

보험과 보험회사

보험(保險)은 '위험을 보증하다' 또는 '위험을 책임지다'는 뜻이다. 만약에 위험이 닥쳐 사고가 발생하는 경우, 금전적 피해를 보상해 준다는 뜻이다. 이 목적에서 보험 업무를 전문으로 하는 금융회사가 보험회사다.

보험회사는 어떻게 고객에게 금전 피해를 보상해 줄 수 있을까?

보험의 원리는 알고 나면 간단하다. 진수는 학교에서 수학여행을 갈 예정이다. 들뜬 마음도 잠깐, 선배들의 경험상 학생 1,000명 가운데 한 명이 수학여행 중 부상을 입었고 부상 치료에 100만 원이 들었다. 적지 않은 부담이다.

수학여행을 가기 전, 학교가 학생들에게 각자 1,000원씩 내자고 제안한다. 이렇게 모은 돈으로 부상당한 학생의 치료비로 쓰겠단다.

이제 1,000명으로부터 1,000원씩 모으니 합이 100만 원이다. 실제로 여행 중 진수가 부상을 입었다. 설마 1,000명 가운데 한 명이 자신이 되리라곤 꿈에도 생각해 본 적이 없다. 다행히 진수는 학교가 내준 돈으로 부상을 치료했다. 진수는 1,000원만 냈을 뿐인데, 치료비 100만 원이 깔끔하게 해결됐다. 공짜로 치료받은 느낌이다.

이것이 보험의 원리다. 상부상조의 원리다. 사고당하지 않은 나머지 999명의 학생은 1,000원을 지출했지만, 친구의 부상 치료비로 보람 있게 쓰였다. 부상 치료비를 염려하지 않고 수학여행을 즐겁게 갔다 왔으니 그걸로 됐다.

보험 상품의 원리도 이와 같다. 다만 규모가 훨씬 크다는 차이점이 있다. 1,000명 정도가 아니라 훨씬 더 많은 사람, 때로는 전 국민을 대상으로 한다. 보상해 주는 금전 피해 규모도 크다. 위험을 싫어하지만 위험에 노출된 사람들이 모여 평소에 조금씩 돈을 내다가, 뜻밖의 사고를 당해 상당한 금전 피해를 당한 사람에게 모은 돈을 지급해 주는 제도가 보험이다.

여기에서 학생이 낸 돈 1,000원처럼 보험에 가입한 사람이 내는 돈을 보험료, 사고를 당한 사람이 받는 보상금 100만 원을 보험금이라고 한다. 보험료와 보험금은 매우 비슷하지만 다른 말이다.

사람이 많아야 한다고?

보험 원리가 작동하고 보험 상품이 성립하려면 몇 가지 전제 조건이 필요하다.

첫째, 금전적 피해를 싫어하는 사람이 상당히 많아야 한다. 많을수록 좋다. 집에 불이 나면 10억 원의 피해를 보상해 주는 화재보험을 만들었는데, 화재를 두려워하는 사람이 100명 정도밖에 없다면, 한 사람이 내야 하는 보험료가 매년 1,000만 원이 될 것이다.

이 정도 금액을 보험료로 내기엔 누가 봐도 부담스럽다. 그래서 실제로 화재보험에 가입하는 사람이 기대에 못 미친다. 보험회사는 10억 원을 모으는 데 실패해서 화재보험이 성립하지 못할 것이다.

사람들이 많아야 하는 이유가 하나 더 있다. 보험회사가 위험이 발생할 확률 또는 사고가 발생할 확률을 정밀하게 추정하고 보험료를 산정하는 데 필수적이기 때문이다. 그 이유는 수학의 '큰 수의 법칙(law of large numbers)'에서 찾을 수 있다.

동전 던지기를 통해 큰 수의 법칙이 무엇인지 생각해 보자. 우리는 동전의 앞면이나 뒷면이 나올 확률이 2분의 1이라고 알고 있다. 그렇지만 실제로 동전을 두 번 던진다고 앞면과 뒷면이 각각 한 번씩 나오지는 않는다. 앞면만 두 번 나오는 경우가 허다하다.

그렇다면 확률이 2분의 1이라는 말은 무엇인가? 거짓인가? 동전을 수없이 많이 반복해 던질수록 앞면과 뒷면이 나오는 경우가 각 2분의 1로 수렴한다는 뜻이다.

다시 보험으로 돌아가보자. 보험회사도 한 해 동안 암 환자가 몇 명 발생하고 교통사고 건수가 얼마나 될지 미리 알 수 없다. 하지만 사람들이 많아질수록 보험회사가 과거의 경험을 바탕으로 추정하는 암 발병 확률과 교통사고 확률이 실제 발생 비율에 가까워진다. 그래서 보험에 가입하는 사람이 많아질 필요가 있다.

💰 위험도 위험 나름

둘째, 금전적 피해가 비교적 커야 한다. 가방에 넣고 다니는 볼펜한 자루를 잃어버릴 위험은 항상 존재하지만, 볼펜 분실로 인한 금전적 피해는 크지 않다. 이 정도 피해를 보장받으려고 보험에 가입할 사람은 없다. 위험으로 인한 금전적 피해가 비교적 큰 사고만 보험이 성립할 수 있다.

모든 위험에 보험이 존재하는 것도 아니다. 예를 들어, 주식에 투자하면 돈을 잃을 위험이 있다고 했다. 그러나 주식 투자 손실을 보장해 주는 보험 상품은 없다. 주식 투자나 부동산 투자처럼 돈을 잃을 가능성도 있지만, 잘만 하면 이득을 볼 수 있기 때문이다.

이러한 위험을 투자 위험이라고 한다. 투자 위험을 보장해 주는 보험은 없다. 돈을 잃을 위험이 싫으면 주식 투자나 코인 투자를 하지 않으면 그만이다. 이런 위험까지 굳이 보험회사가 보장해 줄 필요는 없다.

"위험 있는 곳에 보험 있다"는 말이 있으나, 위험도 위험 나름이다. 투자 위험과 달리, 이득은 없으면서 위험이 닥치면 손실만 발생하는 순수 위험이 보험의 대상이다.

사고가 없으면 손해일까?

보장성 보험과 저축성 보험

진수의 친구는 보험에 가입하고 보험료를 딱 한 번 낸 후에 사고를 경험했다. 보험회사는 진수 친구에게 1억 원의 보험금을 지급했다.

한편 진수는 보험에 가입하고 수년 동안 보험료를 꼬박 냈지만 사고를 한 번도 겪지 않아 보험금을 받아본 적이 없다. 억울한 생각이 들었다. 그동안 낸 보험료를 생각하니 아깝고 손해 본 느낌이다.

보험에 가입하고 성실하게 보험료를 냈는데, 아무런 사고를 당하지 않은 진수는 계약 기간이 끝났을 때 자신이 낸 보험료를 돌려받을 수 있을까?

그렇지 않다. 보험 가입자가 낸 보험료는 사고를 당한 누군가에게 이미 지급됐다. 보험 가입자 가운데는 진수 친구와 같은 사람도 있고 진수 같은 사람도 있다. 진수 같은 가입자들이 낸 보험료가 있기에 진수 친구 같은 가입자가 보험금을 받을 수 있는 구조다.

만기가 도래하기 전에 보험 계약을 해약하면, 그동안 낸 보험료 전액을 돌려받지 못하는 이유가 여기에 있다. 이미 낸 보험료는 "만약 사고를 당하면 어쩌지?"와 같은 근심과 돈 걱정을 하지 않고 편안하게 지낼 수 있게 해준 데 대한 대가라고 생각해야 한다. 사고를 당해 보험금을 받는 것보다는 차라리 보험금을 받지 못하더라도 사고 없는 삶이 더 좋지 않은가?

보험 계약 기간에 사고가 발생하면 보험금을 받지만, 사고 없이 기간이 종료되면 환급금이 전혀 없는 게 일반적인 보험의 특징이다. 이러한 보험을 보장성 보험이라고 한다. 말 그대로 사고에서 발생한 피해를 보장해 주는 순수한 의미의 보험이다.

만기가 됐을 때 돌려받는 돈이 없어 보험 가입이 손해라고 생각하면서 보험을 외면하는 사람들이 많았다.

돌려받게 해줄게

이에 보험회사가 만기가 됐을 때 환급금을 지급해 주는 저축성 보험을 새로 개발했다. 사고를 보장해 주는 보장성 보험에 은행 적금의 기능을 추가해 만기가 되면 낸 보험료의 일부를 돌려받는 보험이다.

물론 공짜가 아니다. 저축성 보험은 순수 보장성 보험보다 매월 내야 하는 보험료가 비싸다. 적금에 해당하는 만큼 보험료를 더 내는 것이다. 따라서 저축성 보험이 더 좋은 보험이라는 생각은 착각이다. 자신이 더 많이 낸 보험료를 이자와 함께 돌려받을 뿐이다. 어떤 보험에 가입할지는 선택의 문제다.

보장성 보험에 은행 적금 기능을 추가한 게 저축성 보험이라면, 한 걸음 더 나아가 보험에 투자 기능을 추가한 보험은 없을까? 있다. 바로 변액보험이다.

위험에 대한 보장도 받으면서 보험회사를 통한 간접 투자를 통해 투자 수익도 기대할 수 있는 보험이다. 보험회사가 보험료를 가지고 주식이나 채권에 투자하고 그 수익을 보험금에 얹어 나눠준다. 따라서 투자 성과에 따라 가입자가 받는 보험금 액수가 변한다. 그래서 '변액'보험이다.

보험회사가 투자를 잘하면 일반 저축성 보험보다 많은 보험금을 받을 수 있으나, 결과는 불확실하다. 보험료도 일반 저축성 보험보다 비싼 편이다.

💰 소득의 10%를 넘는 보험료는 노, 노!

저축성 보험이라고 해도 도중에 계약을 해지하면 그동안 자신이 냈던 돈보다 훨씬 적게 돌려받는다. 지점을 열어놓으면 고객이 제 발로 찾아오는 은행과 달리, 보험회사는 보험을 판매하기 위해 인력과 마케팅을 많이 활용해야 해서 사업 비용이 많이 드는 편이다. 보험회사는 고객이 낸 보험료에서 그때까지 들어간 사업 비용을 빼고 나머지 금액을 돌려준다. 그러니 가능하다면 보험을 중도 해약하는 선택은 하지 않는 게 좋다.

보험은 일단 가입하면 10년 이상 보험료를 내는 장기 상품이 많다. 그러므로 보험 상품이나 보험회사를 선택할 때 매우 신중해야 한다. 보험이 중요하다고 이런저런 보험에 마구 가입했다가는 소비나 저축에 사용할 돈이 모자랄 수 있다. 위험 대비도 좋지만, 도가 지나친 대비는 부작용이 크다.

어떤 어려움이 닥쳐도 "이 정도 보험료는 낼 수 있어" 하고 판단하는 정도로 보험료를 유지할 필요가 있다. 매달 내야 하는 보험료가 소득의 10%를 넘지 않는 게 좋다고 조언하는 전문가들이 많다.

4

어느 보험회사로 가야 할까?

생명보험과 손해보험

보험회사의 이름은 대개 ○○생명, ××라이프, ◇◇손해보험, □□화재, △△해상으로 끝난다. 같은 보험회사이면서 이름의 끝부분이 다른 이유는 무엇일까?

회사가 주로 취급하는 위험의 종류, 즉 보험의 종류가 달라서다. 보험은 크게 생명보험과 손해보험으로 구분한다.

생명보험은 생명이나 신체에 발생하는 위험, 다시 말해서 사망, 장애, 질병 등을 대비하는 보험이다. 이런 보험을 주로 취급하는 회사는 ○○생명 식의 이름을 쓴다. 사고가 발생하면 계약서에 정해 놓은 금액을 지급한다. 즉, 정액 보상이다.

생명보험은 보장 기간 도중에 사망하면 보험금을 받는 사망보험, 반대로 만기까지 생존하면 보험금을 받는 생존보험으로 구분할 수 있다. 종신보험, 저축보험, 연금보험 등이 생명보험에 해당하는 대표적 상품이다.

손해보험은 뜻하지 않은 사고(화재, 교통사고, 건물 붕괴, 강도, 도난 등)로 입은 재산상의 손해를 보상해 주는 보험이다. 이런 보험을 주로 취급하는 회사의 이름은 ◇◇손해보험, □□화재, △△해상으로 끝난다.

미리 정해 놓은 보험금을 지급해 주는 생명보험과는 달리, 손해보험은 손해가 난 만큼만 계산해 보험금을 지급한다. 피해 규모에 따라 보험금을 적게 또는 많이 지급하며, 이를 실손 보상이라고 말한다. 자동차보험, 화재보험, 해상보험, 여행자보험 등이 손해보험에 해당하는 대표적 상품이다.

💰 생명보험에도 손해보험에도 해당되면?

사실 현실에서 생명보험과 손해보험의 구분은 말처럼 명확하지 않다. 이를테면 암은 생명과 관련이 있기도 하지만, 막대한 치료비 때문에 재산상의 손실을 초래하기도 한다. 자동차 사고가 발생하면 자동차 수리비도 문제지만 운전자의 부상이 심각하다. 이처럼 생명과 재산 피해가 함께 발생하는 게 일반적이다.

그래서 생명보험과 손해보험을 결합한 제3보험이라는 게 등장했다. 보장 대상이 사람의 생명이나 신체라는 점에서는 생명보험이고, 금전적 손해를 보상한다는 점에서는 손해보험의 성격이 있다. 그래서 생명보험사나 손해보험사 모두 제3보험을 취급한다. 질병의 진단·수술·입원을 보장해 주는 질병보험, 질병으로 인해 생활이 어려

구분	생명보험	손해보험	제3보험
보장 대상	사람의 생명이나 신체	우연한 사고로 인한 재산상 손해	신체 상해, 질병, 간병
보상 방법	정액 보상 (정해진 금액 보상)	실손 보상 (손해만큼 보상)	정액 보상 및 실손 보상
상품의 예	종신보험, 연금보험, 저축보험	자동차보험, 화재보험, 여행자보험	암보험, 상해보험, 간병보험

보험의 종류

워져 간병인이 필요할 때 이를 보장해 주는 간병보험 등이 제3보험에 해당한다.

💰 환자 부담금을 내주는 보험이 있어?

실손의료보험은 보험 가입자가 상해나 질병으로 입원하거나 통원 치료를 받을 때 발생한 진료비를 보장하는 보험이다. 모든 국민이 국민건강보험에 가입해 있는데 실손의료보험이란 게 필요할까?

환자의 모든 진료비를 국민건강보험이 보장해 주지는 않는다. 미용을 위한 성형 시술, 시력 교정술 등에는 국민건강보험이 적용되지 않는다. 이를 비급여 항목이라고 부른다. 환자 본인이 전액 진료비를 부담한다. 진료 행위가 국민건강보험의 보장 대상인 급여 항목이라 해도 비용 일부는 환자 본인 부담금이라는 항목으로 환자에게 부담시킨다. 본인 부담금을 부담시키는 이유에 대해서는 뒤에서 설명하기로 한다.

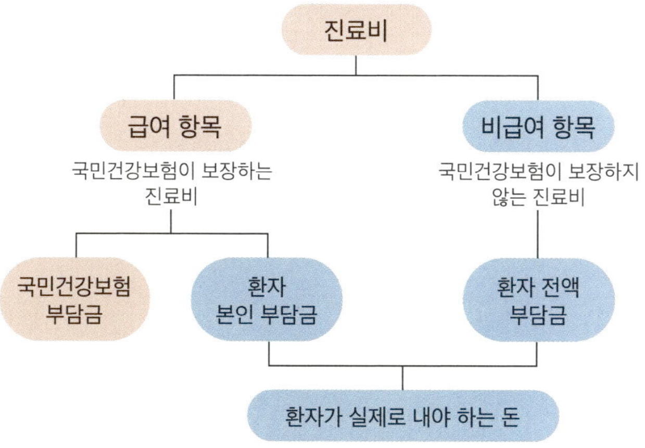

환자가 부담하는 진료비

결국 국민건강보험에 가입해 있더라도 환자에게 비용이 일부 발생한다. 실손의료보험은 급여 중 환자 본인 부담금, 그리고 비급여에 해당하는 금액을 실비로 보장하는 보험이다.

5

정부가 보험회사야?

사회보험

　이윤을 추구하는 보험회사가 운영하지 않고, 정부가 설립한 기구가 책임지고 운영하는 특별한 보험이 있다. 사회보험이다. 공적 보험이라고도 한다.

　사회보험은 질병, 노령, 실업 등으로 국민이 경제적 손실을 입을 위험에 대비하려고 국가 차원에서 운영하는 복지제도 가운데 하나다. 여기에는 산업재해보상보험, 고용보험, 국민연금, 우리가 흔히 의료보험이라고 부르는 국민건강보험, 그리고 노인장기요양보험이 있다. 사회보험은 복지 국가라면 반드시 갖추어야 할 기본적인 보험이다. 그래서 민간 보험회사에 맡기지 않고, 국가가 직접 챙긴다.

　서구 산업 국가는 1883년부터 사회보험제도를 도입했지만, 우리는 이보다 훨씬 늦은 1964년에 산업재해보험을 도입한 게 사회보험

제도의 시작이다. 이후 1977년 국민건강보험을, 1988년 국민연금보험(국민연금)을 도입했다. 그리고 1995년에 고용보험을 도입함으로써 복지 국가가 최소한으로 갖춰야 할 4대 사회보험을 시행하는 나라가 됐다.

💰 사회보험이 필요한 이유

산업재해보상보험은 근로자가 작업장에서 업무를 수행하다가 부상을 입거나 사망하는 경우 근로자나 가족을 보호 또는 보상해 주기 위해 마련한 사회보험이다. 줄여서 산재보험이라고 부른다. 세계 최초의 산재보험은 독일에서 시작됐으며, 산업화가 진전되면서 각국이 근로자를 보호하기 위해 도입했다.

고용보험은 고용주의 사정으로 직장을 잃은 실업자에게 실업 급여를 지급하고 직업훈련이나 재교육을 받는 데 들어가는 비용을 지원해 구직 활동을 돕는다. 실업 급여를 받는 자격자가 되기 위해서는 비자발적 사유로 퇴사해야 한다. 일신상의 사유로 인한 자발적 사직자는 수급자가 될 수 없다는 말이다. 우리나라에서 산재보험과 고용보험을 담당하는 기관은 근로복지공단이다.

국민연금은 사고나 질병으로 일을 그만두거나 사망하는 경우, 또는 고령으로 일을 더 이상 할 수 없는 경우, 보험금을 지급해 노후에도 기본적인 생활을 유지할 수 있도록 돕는다. 국민연금공단이 이 역할을 맡고 있다.

국민건강보험은 국민의 질병이나 부상을 예방, 진단, 치료하는 일뿐 아니라 출산, 사망, 건강 증진과 관련된 비용을 국가가 부담함으로써 국민의 보건을 향상하는 걸 목적으로 한다. 이 역할을 담당하는 기관은 국민건강보험공단이다.

노인장기요양보험은 고령이나 노인성 질병으로 인해 거동이 불편한 사람이 일상의 가사 활동을 지속할 수 있게 국가가 지원하는 보험이다. 가족의 부담을 덜어주고 노후의 생활 안정을 도모해 삶의 질을 높이려는 목적에서다. 원래는 국민건강보험의 일부로 운영됐는데, 고령화와 핵가족화로 노인의 장기 요양이 중요한 사회 문제가 되면서 2008년에 분리됐다.

감추고 싶은 비밀이 있어

역선택

진수는 자산이 많다. 소득 역시 상당히 많다. 이 정도면 평생 돈 염려 없이 지낼 만큼 풍족하다. 그런데 정부가 진수더러 국민연금에 가입하란다. 진수는 가입하고 싶지 않다. 노후에 쓸 돈이 충분하니 국민연금이 필요하지 않다고 생각하기 때문이다.

그러자 정부는 지금까지 병원 신세 진 적 없고 운동으로 꾸준히 몸 관리를 하는 진수에게 건강보험에도 가입하라고 요구한다. 역시 싫은 생각이 들었다. 설령 나중에 병원에 갈 일이 생기더라도 치료비를 감당할 돈이 있기 때문이다.

왜 정부는 진수에게 국민연금이나 건강보험에 가입하라고 할까? 자유를 지향하는 시장 경제인데, 본인의 선택에 맡기면 안 될까?

💰 정보가 풍부한 쪽은 어디일까?

보험시장은 정보가 비대칭적이라는 특징이 있다. 보험 가입자는 자신의 위험에 대한 성향, 위험 경험 정도, 평소 행동이나 건강 상태 등을 잘 알고 있다. 자신에 대한 정보가 풍부해 자신에게 사고가 날 가능성이 큰지 작은지를 짐작할 수 있다.

그러나 보험 상품을 파는 보험회사는 다르다. 보험 가입자에 대해서 아는 게 별로 없다. 성별, 나이, 거주지 정도만 알 뿐이지, 사고가 날 가능성을 짐작하지 못한다. 이처럼 보험시장에서는 고객이 보험회사보다 자신 관련 정보를 많이 갖고 있는 정보 비대칭●으로 인해 심각한 문제가 발생한다. 어떤 문제이기에 심각할까?

건강보험을 생각해 보자. 사람마다 병에 걸릴 확률이 다르다. 평소 술과 담배를 멀리하고 운동을 꾸준히 하는 A 집단은 병에 걸릴 확률이 상대적으로 낮다. 술과 담배를 즐기고, 스트레스를 많이 받으며, 운동과 거리가 먼 B 집단은 병에 걸릴 확률이 높다.

집단 A에 해당하는 사람보다 집단 B에 해당하는 사람들의 보험료가 비싸야 한다. 그래야 공정하다. 억울한 사람이 생기지 않는다. 그러나 정부는 특정 개인이 집단 A에 속하는지 B에 속하는지 확실하게 구분하지 못한다. 개인에 대한 정보를 충분히 갖고 있지 못해, 평소에 운동을 열심히 하며 건강에 유념하는지 파악할 수 없기 때문이다.

개인이 자신의 정보를 정부에 솔직하게 고백하면 정보 비대칭 문제가 해소된다. 그러나 건강보험에 가입하면서 자신이 술과 담배를 즐기고 스트레스를 많이 받는, 그래

정보 비대칭
사람이나 집단 사이에 정보 보유량이 다른 불균형 상태를 말한다.

서 병에 잘 걸리기 쉬운 유형이라고 이실직고하려는 사람은 없다.

진실을 고백하는 순간 내야 할 보험료가 껑충 뛰기 때문이다. 자신에게 불리한 정보는 감추고 싶은 비밀이다. 그래서 입을 꼭 다문다. 정보의 비대칭 현상이 지속된다.

💰 사고뭉치만 보험에 가입하는 이유

정부는 부득이 사람들이 병에 걸릴 평균적인 확률을 토대로 보험료를 산정한다. 이렇게 결정된 건강 보험료가 1년에 100만 원이라고 하자.

집단 A에 해당하는 사람은 건강 보험료 100만 원이 너무 비싸다고 여긴다. 어차피 병에 걸릴 확률도 낮으니 가입하면 손해라고 생각한다. 그래서 건강보험에 가입하지 않는다. 집단 B에 해당하는 사람은 100만 원의 보험료가 아깝지 않다. 병에 걸릴 높은 가능성과 병원 치료비를 고려하면 이 정도 보험료는 낼 용의가 있다. 그래서 건강보험에 가입한다.

이것이 역선택(adverse selection)이다. 어떤 위험의 발생 확률이 평균보다 낮은 사람은 보험에 가입하지 않고, 발생 확률이 높은 사람이 주로 보험에 가입하는 현상이다.

위험이 발생할 확률이 높은 사람이 보험에 가입하는 일은 정부로서는 달갑지 않다. 지급해야 할 보험금이 많아져 손실이 발생하기 때문이다. 건강보험 재정이 악화하고 건강 보험료가 무척 비싸진다.

역선택 문제를 해결하기 위한 하나의 방안이 모든 국민에게 건강보험 가입을 의무화하는 것이다. 개인의 자유 의지를 억압하는 일이

긴 해도 사회보험이라는 공익의 목적을 위해 꼭 필요한 기본적인 보
험은 가입을 의무화한다.

　사회보험 외에 의무 가입인 보험이 더 있다. 자동차를 운전하는
사람은 의무적으로 가입해야 하는 자동차보험이다.

7

도덕과 보험이 무슨 상관인데?

도덕적 해이

정보 비대칭으로 인해 보험시장이 겪는 어려움이 또 있다. 사람들이 보험으로 인해 위험을 회피하려는 노력에 소홀해지는 현상이다. 이것이 3장에서 다룬 도덕적 해이 또는 모럴 해저드(moral hazard)이다. 도덕적 해이가 심해지면 피하고 싶었던 위험이 오히려 더 자주 발생하는 역설적 현상이 발생한다. 그러니까 보험 때문에 오히려 위험을 자주 겪는 셈이다.

이번에는 고용보험을 생각해 보자. 정부는 실업자에게 실업 급여를 준다. 생계비 걱정을 덜고 새 직장을 찾는 구직 노력을 열심히 하거나 신기술을 배우라는 취지에서다. 얼마나 좋은 취지인가?

그런데 선의에 악의로 답하는 사람이 꼭 있다. 구직 노력을 하지 않으면서 실업 급여를 편안하게 받는 걸 즐기는 사람이다. 이 역시 도덕적 해이 현상의 사례다. 결과적으로 실업자가 줄어들지 않는다. 실업률이 높아진다. 실업 급여가 없었으면 아무 일자리라도 취업했을 사람이 실업 급여를 받으며 실업자로 남는다.

본인 부담금이 꼭 필요해?

그렇다면 도덕적 해이 문제에 어떻게 대처할 수 있을까? 보험에 가입한 고객들이 계속해서 위험을 회피하는 노력을 하도록 유도해야 한다. 그래서 자기 부담금 또는 본인 부담금을 도입했다.

국민건강보험에 환자 본인 부담금이 있다고 앞에서 말한 바 있다. 만약 본인 부담금이 없다면 어떤 일이 발생할까?

병원 이용에 돈이 들지 않으면, 증상이 약한 환자가 병원을 제집 드나들 듯 찾아 의료서비스를 무한정 요구하는 도덕적 해이가 발생한다. 허리가 아프다며, 전신이 피로하다며, 기분이 좋지 않다며 의료진의 시간을 빼앗을 것이다. 그러면 정작 치료가 필요한 중상 환자들이 치료를 받기 어렵다.

이때 본인 부담금이 도움이 된다. 병원을 찾으면 자신이 돈을 내야 하므로 과도한 병원 이용을 스스로 자제한다.

자동차 사고가 나 차량이 파손되는 경우 보험회사는 수리비 전부를 보상해 주지 않는다. 대신 수리비 가운데 일부를 보험 가입자에게도 부담 지운다. 이 역시 자기 부담금이다. 사고가 나면 자신의 돈이 추가로 들어가므로 사람들은 자동차보험에 가입한 이후에도 사고가 발생하지 않도록 계속 주의한다.

요즘 새 스마트폰 가격이 100만 원을 훌쩍 넘는다. 그래서 액정이 파손돼 수리를 맡기는 경우 사용자가 부담해야 하는 금액이 상당하다. 그래서 휴대폰 보험에 가입하는 사람이 많다. 그런데 여기에도 자기 부담금이 있다. 손해액의 20~40%를 휴대폰 주인이 부담해야 한다.

"보험료를 다 냈는데, 왜 또 돈을 내라고 해?"

서비스 센터에서 자기 부담금 소식을 들은 고객이 불만을 표시하는 소리다. 사기라고 비판하는 사람도 있다. 일부러 휴대폰을 파손해 새 액정으로 바꾸려는 블랙컨슈머를 막거나 파손 예방 노력이 게을러지는 도덕적 해이를 예방하기 위한 대책이다.

8

오래 사는 게 위험이라니?

장수 위험

새롭게 떠오른 위험이 하나 있다. 장수 위험이다. 장수는 축복일 터인데, 장수가 위험이라니 도대체 무슨 소리일까?

합리적인 사람이라면 예상 수명에 기초해 노후를 대비한다. 생애 주기에 따라 예상되는 노후의 적자 인생을 경제적 어려움 없이 안정적으로 이겨낼 수 있도록 젊었을 때 저축이나 투자를 통해 미리 자산을 축적해 놓는다.

이런 식으로 퇴직 후의 20년을 대비해 준비했는데, 평균 수명이 길어져 퇴직 후 기간이 30년으로 늘어난다면 어떻게 될까? 원래 예상보다 오래 사는 탓에 준비해 놓은 자산이 부족해지고 생활이 궁핍해질 우려가 있다. 이것이 장수 위험 또는 장수 리스크다. 고령 사회가 초래한 경제적 위험이다.

과거엔 노후 대비 개념 자체가 없었다. 중장년 시기에 부모로서 미성년 자녀를 키우는 데 모든 노력과 돈을 투입하면, 노후가 되었을 때 성인이 된 자식이 부모를 모시고 봉양하는 시대였기 때문이다.

그러나 이제는 자식이 부모를 봉양하는 걸 기대하기 힘든 세상이다. 그렇다고 국가가 국민의 노후를 책임져주지도 못한다. 국가에도 돈이 충분하지 않다. 그렇다면 결론은 명백하다. 스스로 노후를 대비해야 한다. 믿을 건 본인뿐이다.

💰 소득 없는 30여 년

노년의 빈곤은 재앙과 다름없다. 사전 대비 외에는 뾰족한 대책이 없다. 문제는 대비해야 할 돈의 총량이 점점 많아진다는 점이다. 평균 수명이 길어지면서 은퇴 후 소득 없이 생활해야 하는 기간도 늘어나기 때문이다. 젊었을 30년 동안 일하면서 버는 돈으로, 생활비도

지출하면서 동시에 은퇴 후의 또 다른 30년을 대비해야 한다.

그렇다고 불가능한 일은 아니다. 다만 일찍 시작할수록 매년 부담이 줄어든다. 60세에 은퇴한 후 30년 동안 필요한 돈의 총량을 100이라고 했을 때, 만약 50세부터 노후를 대비하기 시작하면 60세까지 10년이라는 대비 기간이 있다. 매년 10(=100÷10)씩 마련하면 된다. 이보다 10년 먼저 시작하면 마련해야 할 돈이 5(=100÷20)로 줄어든다. 만약 20세부터 시작하면, 대비 기간이 40년이므로 매년 2.5씩만 마련하면 된다.

흔히 얘기하는 N분의 1의 법칙이다. 그래서 하루라도 젊었을 때, 즉 오늘부터 바로 시작하는 게 노후 대비에서 제일 중요하다. 여기에 매년 발생하는 수익과 복리 효과까지 고려하면 연간 부담액은 이보다 줄어든다.

기댈 건 연금뿐

너무 막연해할 필요 없다. 금융시장에 나와 있는 노후 대비를 위한 상품을 이용하면 된다.

"믿을 건 연금뿐!"

이 말은 진리다. 노후 대비의 기본이자 핵심 수단은 단연코 연금이다. 경제 활동을 하면서 벌어들인 소득 가운데 일부를 차곡차곡 적립했다가, 노후에 주기적으로 받는 돈이다. 연금을 운용하는 주체가 정부면 공적 연금, 민간이나 본인이면 사적 연금으로 구분한다.

연금에는 장점이 많이 있다. 우선 정부는 국민의 노후 대비를 지원하기 위해 개인이 연금에 투입하는 돈에 대해서 세금 혜택을 준다.

노후에 이 돈을 연금으로 받을 때는 낮은 세율의 연금 소득세를 적용해 줘서 노후 생활에 보탬이 되도록 한다.

연금에서 기대할 수 있는 최대의 긍정 효과는 복리다. 연금에 넣은 돈은 매년 복리로 불어난다. 지금 넣은 10만 원은 4%의 수익률을 가정할 때 20년 후에 22만 원으로 불어난다. 원금의 두 배가 넘는다. 30년 후에는 32만 원, 40년 후에는 48만 원이 된다. 연금에 일찍 가입할수록 노후에 받는 연금액이 눈덩이처럼 불어난다.

진수는 은퇴할 65세에 10억 원을 모아 연금으로 받겠다고 노후를 설계했다. 그리고 실제로 40세부터 25년 동안 매달 197만 원씩 부어 목표를 달성했다(수익률 4% 가정).

칭찬받을 일이지만, 아쉬운 점도 있다. 만약 진수가 노후 설계를 20세부터 실천했다면 매달 연금에 넣어야 하는 돈은 68만 원이면 충분했을 것이다. 이렇듯 일찍 시작하면 매달 부담액이 훨씬 줄어들어 노후 대비가 한층 편해진다.

9

편안한 노후를 마다할 사람은 없잖아?

국민연금과 퇴직연금

연금의 기본은 정부가 운영하는 국민연금이다. 소득이 있는 사람은 의무적으로 가입해야 하고, 납부해야 할 연금 보험료도 정부가 정하므로 사실 개인의 적극적인 관리가 필요하지는 않다. 일할 때 소득 가운데 일부를 내라는 대로 냈다가, 은퇴 후 주는 만큼 받으면 된다.

국민연금이 있으니, 노후 대비는 끝일까? 반은 맞고 반은 틀리다. 국민연금이 도움 되는 것은 틀림없으나, 이것만으로는 부족하기 때문이다. 국민연금 수령액이 중위 소득에 턱없이 미달하며, 최소 생활비에도 미치지 못하는 연금액을 받는 사람들도 꽤 많다.

소득 대체율

생애 평균 소득 대비 연금액의 비율이다.

우리나라의 소득 대체율●은 40% 초반에 불과하다. 선진국의 60~70%에 비해 매우 낮

302

다. 그래서 국민연금이 있음에도 우리나라의 노인 빈곤율은 선진국보다 높다.

왜 우리 정부는 선진국만큼 국민연금을 많이 주지 못할까? 다 돈때문이다. 우리가 선진국 수준의 소득 대체율에 도달하려면 국민이지금보다 훨씬 더 많은 보험료를 매달 내야 한다.

당장 먹고살기도 힘든데 국민연금 보험료를 더 많이 걷자니 국민의 반감이 걱정스럽다. 특히 보험료 전액을 본인이 부담해야 하는 자영업자의 부담이 커진다.

이제 결론이 나왔다. 노후에 안전하고 편안한 생활을 유지하며 금융 웰빙을 누리려면 국민연금에만 의존해서는 안 된다.

퇴직금을 연금으로

공적 연금인 국민연금으로 모자라는 부분은 개인적으로 대비해놓아야 한다. 사적 연금에 가입해야 한다는 말이다.

사적 연금의 하나로, 퇴직연금이 있다. 회사에 취직해 일하는 직장인은 회사에서 월급뿐 아니라, 퇴직 급여도 받는다. 미래에 퇴직할때 소득 상실의 어려움을 겪을 수 있으므로 이에 대비하도록 지원해주는 취지다. 회사는 퇴직 급여를 근로자 통장에 직접 넣어주지 않는다. 그랬다가는 근로자가 돈을 찾아 쓰려는 유혹에 빠질 우려가 있기때문이다.

그래서 회사는 퇴직 급여를 금융회사의 계좌에 적립해 직장인이마음대로 찾지 못하게 했다. 이것이 퇴직연금이다. 만 55세가 되어야 받을 수 있다. 회사가 보장해 주는 노후 연금이라고 보면 된다. 금융회사는 각 직장인의 퇴직금을 운용하다가 수십 년 후에 은퇴하면 일시금 또는 연금 형태로 지급해 준다.

💰 DB, DC 이게 다 뭐지?

퇴직연금을 운용하는 방식에는 두 가지가 있다. 첫째는 근로자가 퇴직할 때 받을 퇴직 급여가 사전에 확정되는 형태다. 확정 급여형 (DB형)이라고 부른다. 회사는 어떻게 해서든 이 금액을 맞춰줘야 한다. 퇴직 급여가 미리 확정돼 있으므로 근로자는 미래에 자신의 퇴직금이 얼마인지 예상할 수 있고, 자신의 퇴직연금을 운용하는 데 신경 쓸 필요가 없다.

확정 기여형(DC형) 퇴직연금도 있다. 회사가 매달 금융회사에 적립하는 돈이 확정돼 있는 형태다. 근로자가 이 돈을 어떻게 운용할지 직접 결정한다. 운용 실적에 따라 은퇴 후 받을 퇴직금이 늘어날 수도, 줄어들 수도 있다. 불확실성이 따르지만, 잘 운용하면 퇴직금을 크게 불릴 수 있다는 장점이 있다. 도중에 마음이 바뀌면 DB형과 DC형을 변경할 수 있다.

10

연금도 고층 아파트로?

개인연금

흔히 국민연금 같은 공적 연금을 연금의 1층, 퇴직연금을 연금의 2층에 비유한다. 1층 연금이 개인의 기본 생활을 위해 국가가 보장하는 연금이라면, 2층 연금은 표준 생활을 위해 회사가 보장하는 연금이다.

문제는 자영업자 같은 개인 사업자에게는 퇴직연금이란 게 없다는 점이다. 혼자 힘으로 퇴직연금을 대체할 수 있는 방법을 찾아야 한다.

퇴직연금에 가입해 있는 직장인 중에도 퇴직연금에 만족하지 못하는 사람이 있다. 더 여유 있는 노후 생활을 설계하는 사람이다. 이런 직장인이라면 추가적인 연금을 원한다.

다행히 3층이 있다. 개인연금이다. 개인이 자유 의지로 연금 상품에 가입해 운용하고 노후에 돌려받는 연금이다. 이제 노후 대비를 위한 3층짜리 연금 아파트가 완벽하게 갖춰진다.

💰 연금 아파트의 꼭대기에는?

개인연금 상품에는 다시 크게 두 종류, 연금저축과 IRP가 있다. 연금저축은 일반 저축처럼 개인이 돈을 넣는 연금 상품이며 누구나 가입할 수 있다.

연금저축에 넣은 돈은 자유롭게 찾지 못한다는 점에서 일반 저축과 다르다. 세금 혜택을 받을 수 있으며 가입하면 5년 이상 돈을 부어야 한다. 만 55세가 되어야 연금으로 받기 시작할 수 있다.

IRP(Individual Retirement Pension)는 연금저축과 쌍둥이 같은 존재다. '개인형 퇴직연금'이라고도 부른다. 역시 55세 이후에 수령할 수 있으며 세금 혜택을 받을 수 있다는 점에서 연금저축과 같다. 단, 가입 자격, 연금에 부은 돈을 투자할 수 있는 상품, 관리 수수료, 세금 혜택 한도 등에서 차이가 있다.

자신의 상황과 목표에 비출 때 연금저축과 IRP 가운데 어느 게 더 적합한지 판단해서 가입하면 된다. 물론 두 가지 모두 가입할 수도 있다.

연금 저축 IRP
한강뷰 안 부럽네!
루프톱
개인 연금
자기 보장
3층
퇴직연금
회사 보장
2층
국민연금
국가 보장
1층

한 방에 이해하는 국민연금

대한민국에 거주하는 만 18세 이상 60세 미만의 소득이 있는 국민은 누구나 국민연금에 가입해야 한다. 의무 가입이다. 공무원은 공무원 연금, 사립학교 교직원은 사학 연금, 군인은 군인 연금이라는 별도의 연금에 가입하므로 국민연금 가입 대상자에서 제외된다.

국민연금 가입자는 소득의 원천에 따라 사업장 가입자, 지역 가입자, 임의 가입자로 나뉜다. 1인 이상 고용하는 회사에 취업하고 있는 근로자와 그 사용자는 사업장 가입자로 분류된다. 사업장 가입자가 아닌 사람은 지역 가입자에 해당하는데, 자영업자가 주로 대상이 된다. 소득이 있는 프리랜서도 지역 가입자에 속한다.

소득이 없는 사람은 의무 가입 대상이 아니다. 다만 본인의 노후를 미리 대비한다는 차원에서 자발적으로 국민연금에 가입할 수는 있다. 전업주부가 대표적인 예로서, 임의 가입자로 불린다.

얼마나 내고 얼마나 받을까?

국민연금 가입자는 소득의 9%를 보험료로 낸다. 정부는 보험료율을 매년 조금씩 인상해 13%까지 올리기로 했다. 지역 가입자나 임의 가입자는 보험료 전액을 본인이 부담한다. 반면 사업장 가입자는 사업자와 근로자가 절반씩 나눠 낸다. 그러므로 근로자가 체감하는 국민연금 보험료 부담은 지역 가입자보다 상대적으로 작다.

또 국민연금에 가입해 10년 이상 보험료를 납부하면, 만 65세부터 매달 연금을 받을 자격이 생긴다. 보험료를 납부한 전체 기간이 10년이 되지 않는다면, 연금으로 받지 못하고 일시금으로 돌려받는다.

가입 기간이 길어 납부한 보험료가 많으면 받는 연금액도 많아진다. 그러므로 국민연금에 일찍 가입할수록 노후 생활이 편안해진다.

국민연금 수령액은 매년 물가 상승률과 연동해 증가하도록 설계되어 있다. 은퇴 후 물가가 올라 국민연금 수령액의 구매력이 떨어지는 일을 방지하기 위함이다.

당길 수도, 늦출 수도 있다

임의 계속 가입자라는 게 있다. 가입자였던 사람이 60세 이후에도 소득이 있어 보험료를 계속 내고 싶은 사람이나, 납부 기간이 10년에 미달해 연금으로 받을 수 없는 사람이라면, 본인의 뜻에 따라 65세까지 보험료를 더 납부할 수 있도록 하는 제도다.

10년 이상 가입해 국민연금을 받을 자격은 있으나, 이른 나이에 퇴직해 아직 연금을 수령할 나이가 되지 못하는 사람도 있다. 가령 60세에 퇴직했는데, 국민연금을 받을 수 있는 65세까지 기다리는 동안 생활비가 모자라는 사람이다. 연금을 미리 받기 시작하겠다고 신청하면 조기 노령 연금을 받는다. 원래 받을 수 있었던 금액보다 수령액이 줄어드는 불이익이 있다.

반대로 수령 나이에 도달했지만, 다른 소득이 있다면 국민연금을 받는 나이를 뒤로 미룰 수도 있다. 그러면 그만큼 수령액이 증가한다.

청소년을 위한 금융 에세이

초판 1쇄 2025년 12월 15일

지은이 | 한진수
펴낸이 | 송영석

편집장 | 박신애
기획편집 | 최예은 · 이나연
디자인 | 박윤정 · 유보람
마케팅 | 김유종 · 한승민
관리 | 송우석 · 전지연 · 채경민

펴낸곳 | (株)해냄출판사
등록번호 | 제10-229호
등록일자 | 1988년 5월 11일(설립일자 | 1983년 6월 24일)

04042 서울시 마포구 잔다리로 30 해냄빌딩 5 · 6층
대표전화 | 326-1600 **팩스** | 326-1624
홈페이지 | www.hainaim.com

ISBN 979-11-6714-130-9

파본은 본사나 구입하신 서점에서 교환하여 드립니다.